PETITES MONOGRAPHIES
DES GRANDS ÉDIFICES
DE LA FRANCE

LUCIEN BÉGULE

La Cathédrale de LYON

La Cathédrale
de Lyon

PETITES MONOGRAPHIES

DES GRANDS ÉDIFICES DE LA FRANCE

Collection publiée sous le patronage

DE L'ADMINISTRATION DES BEAUX-ARTS
DE LA SOCIÉTÉ FRANÇAISE D'ARCHÉOLOGIE
ET DU TOURING-CLUB DE FRANCE

PARUS :

La Cathédrale de Chartres, par René MERLET.

Le Château de Coucy, par E. LEFÈVRE-PONTALIS.

L'Abbaye de Vézelay, par Charles PORÉE.

Le Château de Rambouillet, par H. LONGNON.

Saint-Pol-de-Léon, par L.-Th. LÉCUREUX.

L'Hôtel des Invalides, par Louis DIMIER.

Le Château de Vincennes, par F. DE FOSSA.

L'Abbaye de Moissac, par A. ANGLÈS.

La Cathédrale de Reims, par L. DEMAISON.

La Cathédrale du Mans, par Gabriel FLEURY.

La Cathédrale d'Albi, par Jean LARAN.

La Cathédrale de Bourges, par Amédée BOINET.

L'Église de Brou, par Victor NODET.

Le Château d'Anet, par A. ROUX.

EN PRÉPARATION :

La Cathédrale de Coutances, par E. LEFÈVRE-PONTALIS.

La Cathédrale de Beauvais, par Pierre DUBOIS.

La Cathédrale d'Auxerre, par Camille ENLART.

Le Mont-Saint-Michel, par Charles BESNARD.

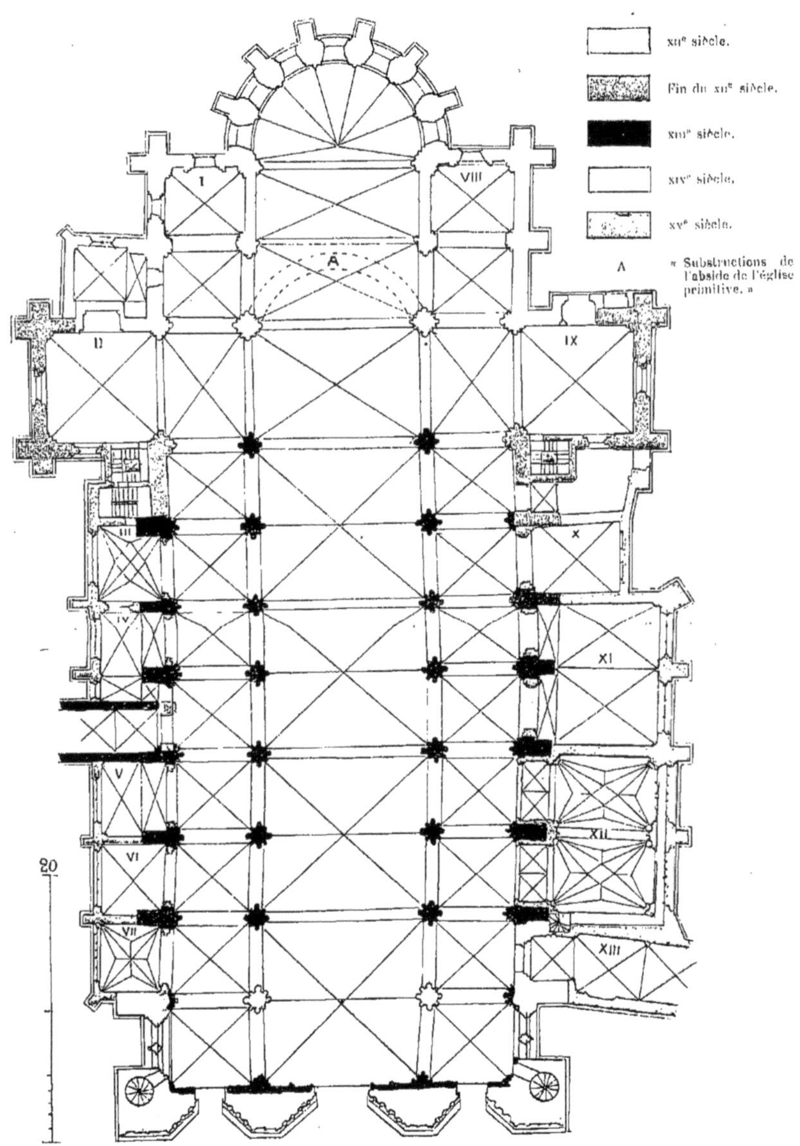

PLAN DE LA CATHÉDRALE DE LYON

D'après le relevé de M. T. Desjardins.

Petites Monographies des Grands Édifices
* * * de la France * * *

Publiées sous la direction de M. E. LEFÈVRE-PONTALIS

La Cathédrale de Lyon

PAR

Lucien BÉGULE
Inspecteur divisionnaire de la Société Française d'Archéologie.

Ouvrage illustré de 56 gravures et d'un plan.

PARIS
HENRI LAURENS, ÉDITEUR
6, rue de Tournon, 6

La cathédrale et la colline de Fourvière en 1832

AVANT-PROPOS

Assise au pied de la colline de Fourvière, dont la nouvelle basilique s'élève sur les ruines du forum de l'antique Lugdunum, la cathédrale de Lyon se présente au visiteur venant de l'intérieur de la ville par le chevet. Flanquée de deux tours carrées et puissantes, revêtues d'une noire patine par le brouillard lyonnais, elle se reflète dans les eaux tranquilles de la Saône. Ces tours, comme celles de la façade, dépassent de quelques mètres seulement la hauteur de la nef et contribuent ains au caractère sévère et sobre de l'édifice, où domine la ligne horizontale qui contraste si vivement avec la montée verticale des cathédrales du Nord, surmontées de leurs flèches légères.

La nef surélevée, contrebutée par d'élégants contreforts, se dégage à peine des constructions voisines. Au midi, elle est en partie masquée par la maison dite des « Comtes de Lyon » ; au nord par des bâtiments élevés sur l'emplacement des anciennes églises Saint-Étienne et Sainte-Croix Au couchant, la façade, d'une grande sobriété de lignes, se confond, jusqu'à mi-hauteur, avec les tours occidentales et ouvre sur les nefs ses trois vastes portails aux sculptures si hautement intéressantes encore, malgré les mutilations qu'elles ont subies.

En dépit du titre qu'elle porte, au spirituel, de « premier siège des Gaules » notre cathédrale ne saurait se comparer aux grands édifices du Nord ni par l'étendue de son plan et la gigantesque élévation de la nef, ni par la richesse des sculptures et le nombre des vitraux. Cependant, la parfaite harmonie des proportions de son chœur et de sa nef, l'intérêt iconographique de la sculpture et des vitraux, la perfection des détails de toute son ornementation méritent vraiment l'admiration et justifient la place honorable qui lui a été donnée dans cette collection.

Si Saint-Jean-Baptiste de Lyon n'a pas l'unité de style de Notre-Dame de Paris, de Reims et d'Amiens, puisque son abside fut élevée au XIIe siècle, sa nef au XIIIe et sa façade aux XIVe et XVe, ces constructeurs successifs ont cependant su respecter dans une très sage mesure le plan primitif, et l'édifice ne présente pas l'incohérence et le disparate de tant d'autres monuments érigés dans un aussi long espace de temps.

En écrivant cette brève monographie, nous n'avons songé ni à présenter une histoire complète de l'édifice, ni à en faire une description détaillée. Nous avons dû nous restreindre à préciser les grandes lignes de sa construction et à présenter un exposé sommaire de ses détails les plus caractéristiques. Cependant, combien eut-il été à propos de faire revivre les grands faits historiques qui se sont déroulés à l'abri de ses voûtes, toute l'histoire de la cité se rattachant à l'histoire de l'église Saint-Jean et de son chapitre, comme par exemple : la succession ininterrompue des guerres et démêlés pendant le XIIe et le XIIIe siècle entre les archevêques, les chanoines, les comtes de Forez et les bourgeois de Lyon ; le concile œcuménique de 1245, présidé par Innocent IV, où fut excommunié et déposé l'empereur Frédéric II ; celui de 1274, où Grégoire X proclama la réconciliation de l'Église latine avec l'Église grecque ; en

1271, le corps de saint Louis, rapporté de Tunis y reçut les honneurs religieux; en 1316, le pap Jean XXII y fut solennellement couronné; Henry I y fit bénir son mariage avec Marie de Médici le 17 décembre 1600. Que dire de ce noble e fastueux chapitre des Comtes de Lyon, dont l'origin remonte à Leydrade, dont les membres devaien faire preuve de huit quartiers de noblesse, qu fournit sept papes à la chrétienté, compta les roi parmi ses membres, jouit pendant longtemps d la prérogative d'élire l'archevêque de Lyon et fu célèbre entre tous?

Puisse cette brève étude contribuer à attire l'attention sur l'un des monuments de notre vieill France qui mérite à tant de titres d'être mieu connu et mieux apprécié.

Chapiteau incrusté, XIIe siècle

Mur d'enceinte du cloître de Saint-Jean, côté nord, xve siècle (Reconstitution de M. R. Le Nail).

I

HISTOIRE DE LA CONSTRUCTION

Les origines. — L'église Saint-Jean-Baptiste, aujourd'hui cathédrale de Lyon et primatiale des Gaules, n'a pas été dès l'origine le centre de la vie religieuse de la cité : la première basilique de Lyon s'élevait, au milieu de marécages, sur l'emplacement où saint Irénée et saint Pothin avaient réuni le noyau de la communauté chrétienne et qu'occupe aujourd'hui l'église Saint-Nizier. Après le triomphe du christianisme, le culte se transporta sur la rive droite de la Saône, au pied même de la colline de Fourvière où s'étageait la ville gallo-romaine, couronnée par le forum, le palais des Césars et l'amphithéâtre où coula le sang de tant de martyrs qui féconda l'Église de Lyon, l'an 177

Les trois églises. — Dans ce quartier Saint Jean, auquel la cathédrale devait donner son nom s'élevèrent trois églises : Sainte-Croix, Saint Étienne, et un baptistère sous l'invocation de Saint-Jean-Baptiste. Les trois édifices étaien enfermés dans un même cloître : le cloître Saint Jean, qui formait comme une cité ecclésiastique Saint-Étienne aurait été fondée par saint Alpin évêque de Lyon, vers la fin du IVe siècle, puis rebâtie par saint Patient, en 480, après l'invasion des barbares, et restauré par Leydrade au temps de Charlemagne.

L'édifice communiquait au nord avec Sainte-Croix, au sud avec Saint-Jean et fut cathédrale jusqu'au XIIIe siècle. A ce moment, remplacé par Saint-Jean, il devint baptistère à son tour; mais on n'y administrait que le baptême « par immersion » les autres se faisaient à Sainte-Croix qui, élevée au début du VIIe siècle par l'évêque saint Arrige e restaurée par Leydrade, fut reconstruite en 144 par le chapitre et par ses paroissiens : c'était l'église paroissiale du quartier.

Sainte-Croix et Saint-Étienne disparurent pendant la Révolution : vendues en 1792, elles furent livrées aux démolisseurs en 1796.

Église primitive. — Nous n'avons aucun document écrit sur l'ancienne église Saint-Jean avant l'époque de Charlemagne. A ce moment Leydrade la fit recouvrir, en restaura les parties ruinées pendant les invasions et en fit la plus grande église de la ville : *maxima ecclesia quae est in honorem sancti Johannis Baptistae*, comme il l'ap-

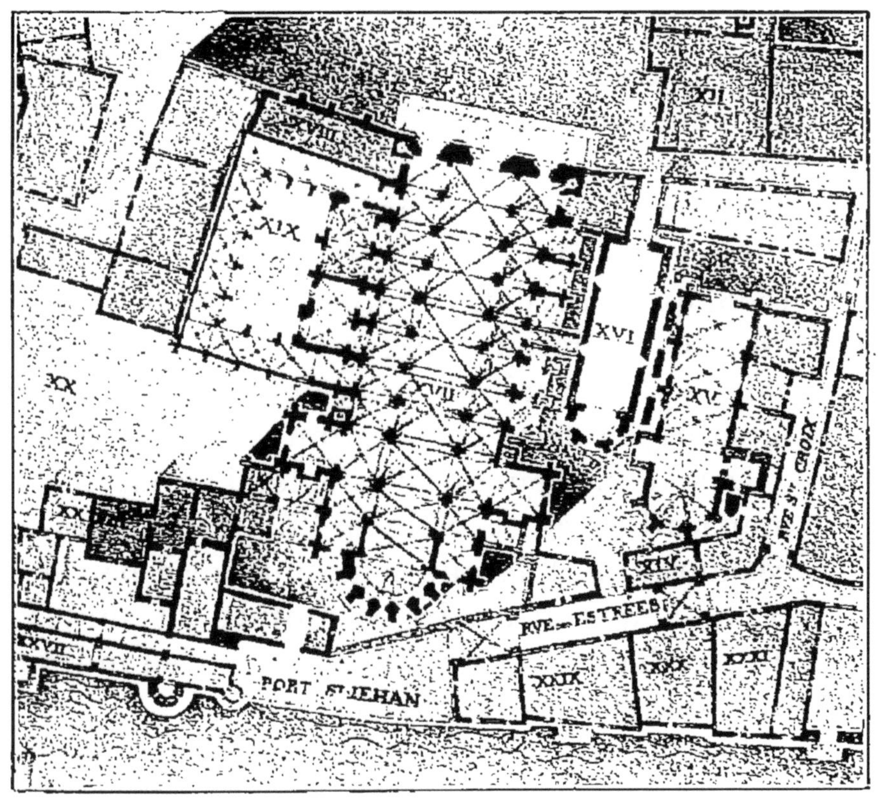

Le petit cloître, Saint-Jean, Saint-Etienne, Sainte-Croix
(D'après un dessin de M. R. Le Nail).

pelle explicitement. Mais nous ignorons presque tout de la forme et des proportions du vaisseau, ainsi que de son ornementation. Cependant, une poésie du diacre Florus, contemporain de l'archevêque Agobard, successeur de Leydrade, nous apprend que la voûte du chœur, où l'on conservait les reliques des saints martyrs Spérat, Cyprien et Pantaléon, était décorée d'une mosaïque représentant le Christ entouré des quatre animaux symboliques, les Apôtres disposés à ses côtés, l'Agneau divin, les quatre fleuves du paradis et saint Jean administrant le baptême. Cette mosaïque, probablement carolingienne, imitait celles des basiliques romaines.

On sait en outre, d'après une ancienne tradition confirmée par l'archevêque Renaud de Forez, en 1208, qui accordait certains privilèges à la corporation des pelletiers, que le terrain sur lequel s'élevait l'église avait été libéralement concédé par un membre de cette corporation.

Dès le milieu du XIe siècle, l'église Saint-Jean menaçait ruine et, malgré d'importants travaux de restauration, tels que ceux entrepris par le doyen Richon, qui fit refaire la toiture et soutenir par un mur haut et épais l'abside qui s'effondrait [1], on dut songer à sa reconstruction.

Les travaux du nouvel édifice étaient assez avancés entre 1084 et 1100 pour que l'archevêque Hugues Ier pût faire exécuter à ses frais le clocher, la toiture, le maître-autel et même cinq verrières. De 1107 à 1117 son successeur Gaucerand termine

[1] En 1889, à l'occasion des fouilles faites dans le chœur de Saint-Jean, on découvrit les substructions de l'abside en hémicycle de l'église primitive et du mur de soutènement postérieur. Cette abside se trouvait derrière le maître-autel actuel, sous la première travée du chœur. Parmi les nombreux fragments de sculpture carlovingienne, on mit au jour les débris du chancel de cette église. (Note communiquée par M. l'abbé Longin, qui suivit ces fouilles avec la plus grande attention.)

l'édifice par l'abside qu'il fit reconstruire en matériaux de choix travaillés avec le plus grand soin *preciosissimis et politis lapidibus*, nous dit l'Obituaire, et provenant des monuments antiques du forum bâti par Trajan. Les travaux durèrent une quarantaine d'années. L'édifice, d'une grande richesse, était éclairé par de nombreuses verrières peintes. Il était précédé d'un portique soutenu par des colonnes de marbre et décoré de peintures, comme le sanctuaire, dont les noms des donateurs nous ont été conservés. En même temps que l'église, à la fin du XIe siècle, on élevait le cloître au sud de la cathédrale. On en voit le mur occidental qui forme la façade de l'édifice connu sous le nom de « Manécanterie » et que l'on a souvent attribué à une date beaucoup plus reculée. Ce cloître était contemporain de l'église d'Ainay, dont il rappelle le style et aussi le parti ornemental de briques incrustées.

Au milieu du XIIe siècle, l'église cathédrale était entièrement achevée. C'est à cette époque qu'éclatent les sanglantes querelles entre l'archevêque de Lyon et le comte de Forez qui prétendaient exercer le droit de souveraineté temporelle sur le comté de Lyon. En 1162, Guy II de Forez envahit la ville, saccage le cloître, le palais archiépiscopal et l'église Saint-Jean. C'est une des raisons qui entraînairent la reconstruction complète de cette deuxième église. A cette époque de transition où l'architecture subissait une véritable transformation, les exemples de reconstruction de cathédrales récemment terminées, comme celles de Chartres de Laon, etc., n'étaient pas un fait extraordinaire

Construction de la cathédrale actuelle. — Le nécrologe de l'église de Lyon nous apprend de façon précise que l'archevêque Guichard, qui siégea de 1165 à 1180, entreprit et termina le mur d'enceinte fortifié du grand cloître qui englobait Saint-Jean, Saint-Étienne, Sainte-Croix et tous les édifices habités par les membres du chapitre. En même temps, il fonda l'église[1]. Le terme « *inchoatum* » est explicite et ne saurait laisser d'équivoque. Il s'agit expressément de la fondation de l'édifice et non d'une continuation des travaux, comme on a cru pouvoir l'avancer en appliquant le texte relatif à Gaucerand à la construction de l'abside actuelle. De plus, il est facile d'établir que la sculpture des édifices de la région lyonnaise à date certaine entre 1160 et 1180, comme celle des porches de Saint-Pierre et de l'ancienne chapelle de Fourvière, de l'église Saint-Paul à Lyon, de Saint-André à Vienne, est contemporaine, pour le style, de la décoration de l'abside de Saint-Jean.

En même temps que l'abside s'élevait jusqu'au-dessus du triforium, on construisait les deux chapelles latérales du chœur. Ces nouvelles constructions devaient envelopper l'ancienne église, de proportions beaucoup moins vastes, et dont le che-

[1] « Guichardus Lugdunensis episcopus : *Eoden praesidente, ambitus murourm claustri ceptus et consommatus est, et opus ecclesie inchoatum* ». Obit. ludg. eccl., p. 123.

vet, nous l'avons vu, se trouvait à plus de quinze mètres en deçà de la nouvelle abside. A mesure de

Photo L. Bégule.

Abside de la cathédrale

l'avancement des travaux on démolissait progressivement l'ancien édifice.

Ici s'arrête l'œuvre entreprise par l'archevêque Guichard, où l'on constate l'influence des traditions ornementales de l'Orient comme celle des monuments romans de la Provence et aussi des édifice de la Bourgogne, où l'arc brisé commençait à s'imposer.

La construction de la « grande église » fut poursuivie sous l'administration de l'archevêque Jean de Bellesme, à partir de 1192. Cette deuxième campagne comprend les voûtes de l'abside et du chœur, les deux bras du transept jusqu'à la naissance des voûtes, et une faible partie du mur en retour des bas côtés de la nef, jusqu'aux voûtes e y compris le petit porche s'ouvrant au midi su la cour de l'archevêché. C'est à cette campagn qu'il faut attribuer la plantation de tout le périmètre de l'édifice jusqu'au niveau des bases de piliers, dont les profils rappellent d'assez près le bases romanes de l'abside.

Dans le premier tiers du XIIIe siècle, les archevêques Renaud de Forez et Robert d'Auvergn poursuivent les travaux en voûtant le transept, e élevant les deux tours qui le surmontent, ainsi qu les quatre premières travées de la nef et des collatéraux. Tout ces travaux étaient achevés lorsque, e 1245, le pape Innocent IV, entouré de 144 évêques après avoir consacré le maître-autel, tint, dans l cathédrale, du 28 juin au 17 juillet, le concile où fu excommunié et déposé l'empereur d'Allemagn Frédéric II.

En 1274, quand Grégoire X présida le gran concile de Lyon, où fut proclamée la réunion de Églises latine et grecque, le vaisseau était déj assez vaste pour contenir les cinq cents évêques, les soixante-dix abbés et les mille autres prélats qui avaient répondu à la convocation du pape. Enfin, en 1293, on abattait le clocher de l'église primitive, encore debout.

A partir du dernier tiers du XIIIe siècle les travaux n'avancent plus que lentement. La partie inférieure de la façade est élevée, au temps de Pierre de Savoie, de 1308 à 1332, sur les bases fondées à la fin du XIIe siècle ainsi que les deux dernières travées qui ne reçoivent leurs voûtes qu'à la fin du XIVe siècle, grâce au libéralités du cardinal de Talaru (1375-1389) et de l'archevêque Philippe de Turcy (1389-1415), En 1392 le maître de l'œuvre, Jacques de Beaujeu, ouvre dans le mur du deuxième étage de la façade la grande rose, dont les vitraux, exécutés l'année suivante par Henriet de Nivelle, illuminent la nef des feux du couchant.

Pendant le cours du XVe siècle l'œuvre de Saint-Jean se poursuit et se termine dans son ensemble et ses détails : la partie supérieure du clocher méridional est élevée en 1413 ; seuls, les sommets des tours ne reçurent jamais leur couronnement. En 1419, on reconstruisit le petit cloître et, en 1467, on le remania du côté de la Saône : sa galerie occidentale sert aujourd'hui de chœur d'hiver au chapitre. En 1459 on édifia à nouveau la salle capitulaire et la salle du trésor. Enfin, la partie supérieure de la façade, avec le pignon central et les deux tours est de 1480. L'année suivante, ce pignon est couronné par les statues monumentales du

Père Éternel, de la Vierge et de l'ange Gabri œuvres du « tailleur d'images » Hugonin Navarre.

Ressources de l'œuvre. — Après quatre sièc d'efforts persévérants, la cathédrale de Lyon ét achevée. Mais, pour mener à bien une œuvre de ce importance il fallait d'abondantes ressources. pourtant, l'église de Lyon n'était point riche, aya eu beaucoup à souffrir de l'invasion des barbar de querelles intérieures et de luttes ruineus qu'elle eut souvent à soutenir à main armée co tre de puissants voisins avant la réunion du Lyo nais à la France. Aussi dut-elle faire appel aux lil ralités particulières, qui affluèrent d'ailleurs bient et nous voyons les archevêques Renaud de For en 1226, Robert II en 1232, les dignitaires chapitre, le doyen Étienne vers 1195, le doy Guillaume de Collonges en 1226, le précente Uldric Palatin et le prêtre Laurent d'Izeron 1231, le doyen Arnauld de Collonges et nomb d'autres offrir des sommes importantes, des ve rières, des orfèvreries. Des laïques suivent l'exe ple : un bourgeois, Ponce, et une veuve entr tiennent chacun un ouvrier pendant une année. côté de ces dons particuliers mais incertains, clergé métropolitain ne pouvait disposer annuell ment que de 600 livres fixes pour la constructio Malgré ces généreux concours, l'œuvre n'avança que lentement.

Le grand concile tenu par Innocent IV, penda

son séjour à Lyon en 1245, fut une bonne fortune pour l'œuvre de « la grande église ». Les nombreuses indulgences concédées par le pape à tous les fidèles qui venaient en aide à la « fabrique » pour l'achèvement de la cathédrale, activèrent efficace-

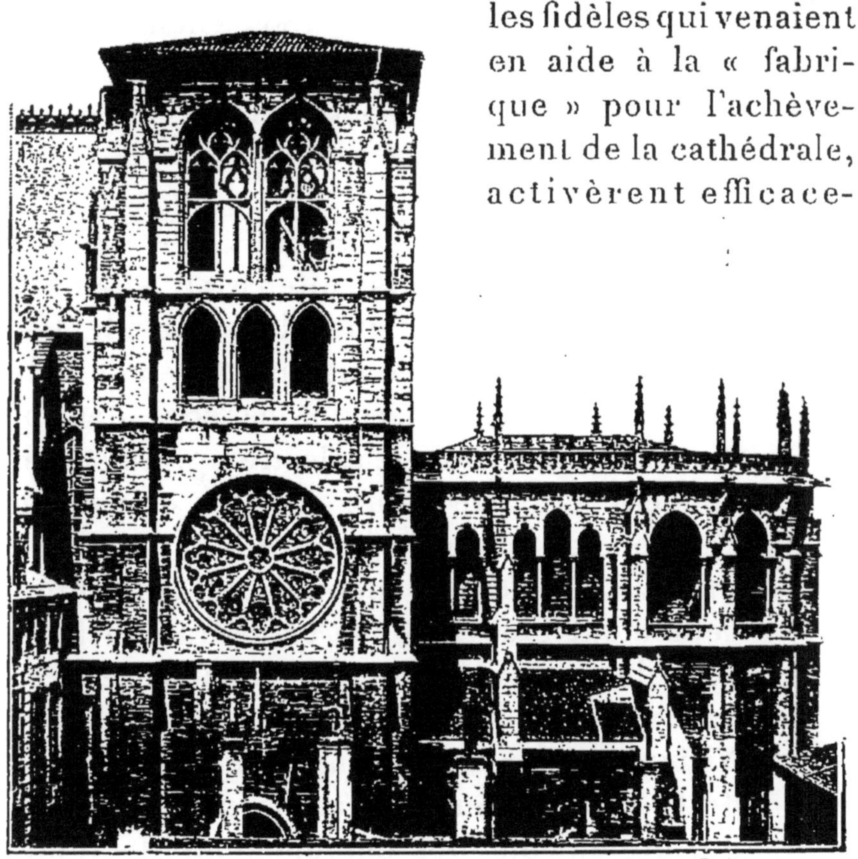

Photo L. Bégule.

Côté latéral de l'abside et clocher de la Madeleine

ment l'élan de générosité. Ses successeurs, Alexandre IV en 1255, Urbain IV en 1262, Jean XXII, à l'occasion de son couronnement dans la cathédrale en 1316, accordent aux donateurs de nombreux privilèges spirituels et de nouvelles indulgences. Dès la fin du XIIIe siècle, pour activer les travaux, une « Confrèrie de l'œuvre de Sai Jean » fut fondée dans toutes les paroisses du di cèse, pour centraliser les aumônes et en assurer recouvrement. Enfin, en 1393, Clément VII éten aux bienfaiteurs de la cathédrale de Lyon les ind gences concédées jadis à ceux des églises de Latr et de Saint-Pierre de Rome.

Provenance des matériaux. — Dans toute partie de l'église construite au XIIe et au XIIIe siè l'appareil est magnifique : dans l'abside, les parti basses du transept et les soubassements des mu latéraux et de la façade, ce sont des blocs marbre et de « choin », calcaire à grain serré, cuba souvent plus de deux mètres et provenant l'ancien forum de Trajan qui s'écroula en 840. fut là une carrière inépuisable qui alimenta n seulement l'œuvre de la cathédrale, à laquelle acte de 1192 réserve spécialement les choins Fourvière, mais encore plus tard celle de Sai Nizier et plus près de nous celle de l'ancienne égli de Fourvière. Sur un certain nombre de ces blo qui avaient été des entablements de temple, d cippes funéraires, on a relevé de nombreuses précieuses inscriptions. Dès le XIIIe siècle les mat riaux furent tirés, en grande partie, des carrièr de Lucenay et d'Anse, qui appartenaient au ch pitre.

Les maîtres de l'œuvre. — Nous ignorons le no de l'auteur du plan de la cathédrale ; nous savo seulement, que les « maîtres de l'œuvre » de Saint-Jean, *magistri operis sancti Johannis*, avaient la direction générale des travaux. Ils s'occupaient des plans et dessins, de la surveillance de l'exécution et de la qualité des matériaux, de la visite des carrières, de la police des chantiers. Le maître de l'œuvre était lui-même un véritable « appareilleur » et traçait souvent de sa main le « trait », la coupe

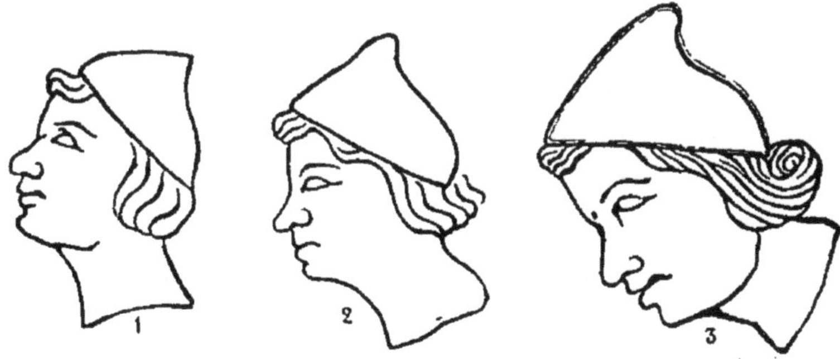

Profils de tacherons ou d'imagiers

des pierres. Les ouvriers placés sous sa direction marquaient les matériaux travaillés par eux de signes distinctifs, que l'on rencontre très nombreux dans presque tout l'édifice, mais seulement à partir de la fin du XIIe siècle.

Les corporations d'ouvriers étaient dirigées chacune par un des maîtres des œuvres spéciales : pour la charpente le *magister in arte carpentariae*, la serrurerie le *magister in arte fabricaturae*, la toiture le *magister copertor*, les peintres le *magister pictor*, les verriers ou vitriers le *magister verrerius ou vitrarius*.

Parmi les maîtres de l'œuvre dont les actes capitulaires nous ont conservé les noms un seu «Robert le maçon», mentionné en 1147, aurait p travailler à l'œuvre de l'église primitive. Puis nou trouvons : Gauthier (1270), Jean Richard (1292 Jean de Longmont (1316), Jean de Remacin (1359 Jean de Saint-Albin (1362), Jean Bertel (1368 Jacques de Beaujeu (1370) qui traça la grande ros de la façade. Le dernier et le plus connu fut Jacque Morel (1418), l'architecte-sculpteur qui exécuta le tombeaux des ducs de Bourbon à Souvigny et cel du cardinal de Saluces à Saint-Jean. Après lui, l rôle de l'architecte devenant moins important, n'y eut plus que des conducteurs de travaux, po tant le titre de « maître de l'œuvre de la pierre d Saint-Jean » : Pierre Noiret (1425), Jean Robe (1430), Antoine Montaing, et enfin N. Marceau qu doit être considéré comme ayant terminé le gro œuvre de la cathédrale.

Aucun des grands maîtres d'œuvres du Nord n vint travailler à Lyon, aucun nom ne se détach qui fasse oublier les autres. L'individualité de l cathédrale paraît y avoir gagné. Tandis que, dan le Nord, l'évolution se faisait hâtive et se précip tait au point que les maîtres d'œuvre abattaier parfois le travail de leurs prédécesseurs; à Lyo chacun s'associa de son mieux au grand effort qu de 1170 environ à 1480, se continua, anonyme, co lectif et persévérant, pendant les trois siècles qu furent l'âge d'or de l'architecture française.

Vandalisme. Restauration. — Au début d

XVIe siècle, la cathédrale de Lyon était complètement achevée, mais elle ne devait pas tarder à subir, à deux reprises, de terribles mutilations : en 1562, lors du passage des hordes du baron des Adrets et en 1793 pendant la Terreur. Il faut y ajouter les prétendues restaurations faites par les chanoines du XVIIIe siècle et d'autres, presque jusqu'à nos jours.

Les ravages de 1562 furent les plus désastreux. Les cinquante grandes statues qui décoraient le soubassement intérieur et extérieur de la façade sont renversées par les calvinistes qui mutilent les trois tympans, les bas-reliefs des ébrasements des portes, décapitent les anges et les patriarches des voussures, arquebusent les hautes statues des contreforts. Un récit contemporain rapporte que l'un de ces iconoclastes, après avoir précipité en bas la Vierge et l'Ange du grand pignon de la façade, s'évertuant à démolir l'image de Dieu le Père qui en couronnait le sommet, vint s'abattre avec elle sur le parvis. A l'intérieur, le somptueux jubé du XIIIe siècle est démoli et le grand Christ d'argent qui le surmonte traîné par la ville. Détruits de même, les tombeaux du cardinal de Saluces et du cardinal de Bourbon. Le trésor, les archives contenant les plus précieuses orfèvreries et les titres les plus rares sont une proie facile à la rapacité des soudards. Les pertes étaient irréparables.

Le calme rétabli, le chapitre ne put songer qu'aux réparations les plus urgentes et, en particulier, à la réfection d'un jubé dont l'ordonnance classique, en faveur à l'époque, était loin de faire oublier les fines dentelures de celui du XIIIe siècle.

Mais les chanoines du XVIIe et du XVIIIe siècle devaient poursuivre l'œuvre de mutilation. En 1756, le trumeau du portail central, surmonté d'un saint Jean-Baptiste en albâtre de Germain Pilon, fut abattu et remplacé par un arc Louis XV qui donnait passage aux pompeux cortèges du chapitre et le plus grand nombre de vitraux de la nef et des chapelles, dus à la générosité des archevêques ou des dignitaires de l'église, furent démolis et remplacés par des verres blancs à combinaisons géométriques. Vint la Révolution qui détruisit les églises Saint-Étienne et Sainte-Croix. Le trésor et le chartrier de la cathédrale furent de nouveau pillés, les autels renversés, le jubé encore une fois détruit. Le dallage avait été bouleversé pour être rendu praticable aux bœufs enguirlandés qui traînaient le char de la déesse Raison et les tombes des archevêques furent profanées. Aussi, quand, en 1802, la cathédrale fut rendue au culte, le service divin ne pouvait y être célébré et le Gouvernement désigna l'église Saint-Nizier pour servir provisoirement de cathédrale.

Cependant le chapitre presse les réparations : il fait placer au tympan du grand portail l'indigne plâtras de Maurice Gallin qui déshonore encore la façade. On garnit le pourtour de l'abside avec les boiseries de 1750 achetées à Cluny ; deux statues de saint Étienne et de saint Jean-Baptiste, œuvres de Blaise datées de 1776 et 1780, furent placées contre les piliers à l'entrée du chœur ; le maître-autel, sans tabernacle, provenant du séminaire

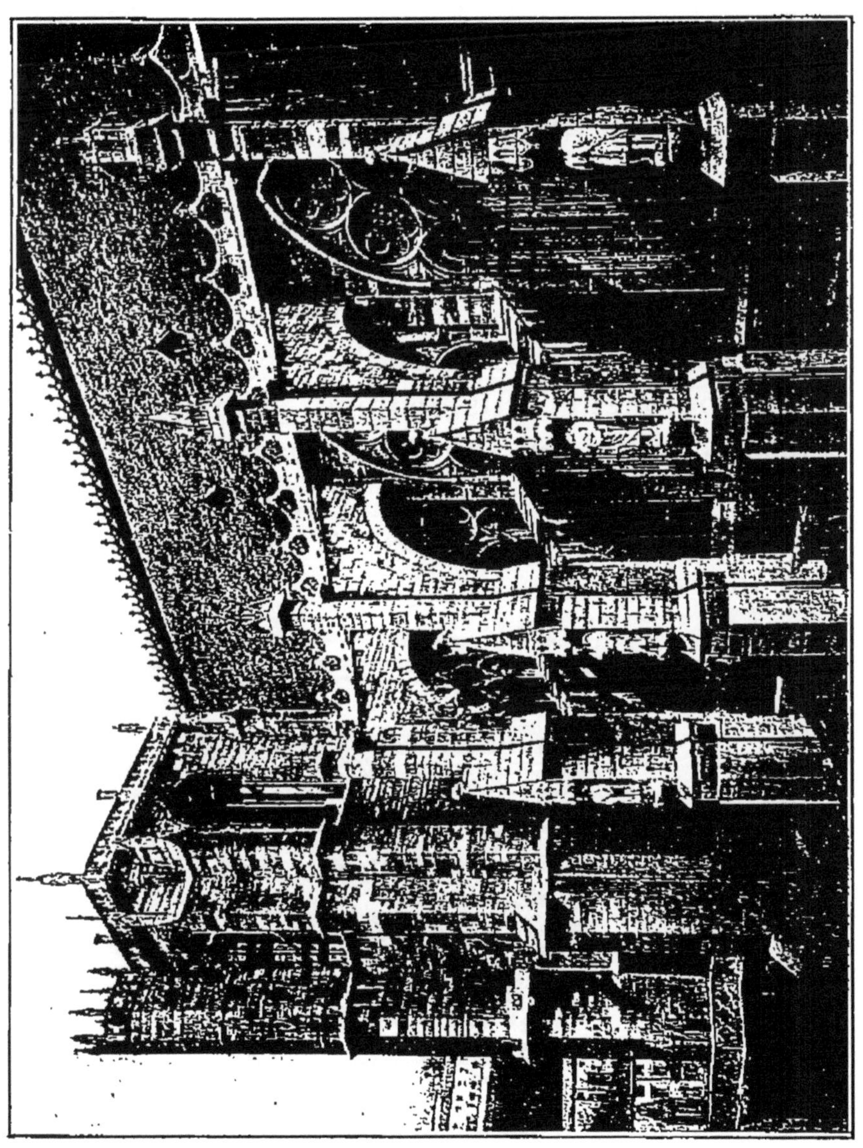
Photo L. Bégule.

Côté méridional

Saint-Charles, sans intérêt et composé de marbre de couleur, est un fâcheux anachronisme.

Antoine Chenavard édifie dans les chapelles des

retables d'un style grec de haute fantaisie et une chaire en gothique de 1840. L'autel portatif, orné d'un triptyque peint par Louis Janmot et la stalle pontificale sont exécutés en style du XVe siècle, sur les dessins de Pierre Bossan, le futur architecte de Fourvière. En 1841, Mgr de Bonald introduit dans le chœur l'orgue qui résonna, pour la première fois, sous les voûtes de la cathédrale, l'usage de chanter l'Office sans accompagnement s'étant maintenu jusqu'alors dans les coutumes rituelles du chapitre. Enfin, en 1861, avec l'approbation du Comité des Monuments Historiques, l'ancienne toiture basse de la nef fut remplacée par le comble actuel qui vient s'appuyer contre le gable de la façade et se dresse, énorme et écrasant, au-dessus du niveau des tours.

CHAPITEAU DU TRIFORIUM DE L'ABSIDE, XIIe SIÈCLE

Frise de marbre incrustée au-dessous du triforium de l'abside, XIIe siècle

II

DESCRIPTION DE LA CATHÉDRALE

Plan. — La cathédrale de Lyon, régulièrement orientée, a la forme d'une croix latine. Elle comprend une abside en hémicycle, un chœur de deux travées, flanqué de deux chapelles latérales, un transept de deux travées à chaque bras de croix, d'une nef et de deux bas côtés de huit travées. Quatre tours accompagnent le vaisseau : deux sur les bras du transept, dont celle du nord sert seule de clocher; deux autres moins robustes dominent la façade.

Il est à noter que nous ne voyons à Saint-Jean ni déambulatoire ni chapelles rayonnantes autour du chœur. C'est là un caractère commun à toutes les églises du Lyonnais : il en est de même, non seulement à Saint-Martin d'Ainay, mais à Saint-Paul et à Saint-Nizier.

Déviation de l'axe. — Comme dans beaucoup d'autres églises du XIIIe siècle, l'axe du plan est très sensiblement dévié dans le sens de la longueur, en trois brisures différentes. On a souvent vu dans cette anomalie une idée mystique et une allusion au texte de l'Évangile de saint Jean : *et inclinato capite*. M. de Lasteyrie a péremptoirement démontré que cette particularité est presque toujours la conséquence des « difficultés matérielles auxquelles les maîtres des œuvres se heurtaient lorsqu'il leur était interdit de faire table rase de toutes les constructions élevées antérieurement sur le sol où ils opéraient ». C'était bien le cas pour la cathédrale de Lyon, élevée par étapes successives, l'œuvre de la « grande église » n'avançant que lentement, et l'église baptistère de Leydrade n'étant démolie que successivement, de façon à ne pas interrompre le service divin.

L'abside. — Extérieur. Le niveau extérieur du sol étant plus bas que celui de l'intérieur, l'abside

[1] *Principales dimensions de la cathédrale* :

Longueur totale intérieurement.	79 mètres.
Longueur du chœur	20 mètres.
Largeur de la nef.	13m,30
Largeur de la nef et des collatéraux	26 mètres.
Hauteur du chœur.	24m,50
Hauteur de la nef	32m,50
Hauteur des tours du transept	44 mètres.

Photo L. Begule.

INTÉRIEUR DE LA CATHÉDRALE

et le chœur ont dû être assis sur un robuste soubassement, pour la construction duquel on utilisa les « choins » du Forum de Trajan, retaillés, mais où l'on retrouve des inscriptions romaines en superbes augustales. L'abside en hémicycle est épaulée par huit contreforts qui la sectionnent dans toute sa hauteur. Au-dessus d'un premier rang de sept grandes baies dont les arcs sont brisés, règne une suite d'arcatures aveugles, tracées en plein cintre, qui correspondent exactement au triforium de l'intérieur. Là s'arrête la part qui revient au XIIe siècle. Au-dessus, un second rang de baies géminées, abritées sous une élégante galerie qui entoure le chevet et retourne dans les transepts, éclaire largement le chœur. Enfin, une balustrade évidée en quatrefeuilles et divisée par des pinacles élevés à l'aplomb des contreforts, couronne cet ensemble et dissimule la toiture plate de l'abside. Établie au XVe siècle, en même temps que celle des tours de la façade, cette balustrade, a été refaite en 1856, malheureusement sans la primitive dentelle de fleurons qui la complétait si heureusement.

Intérieur de l'abside. — A l'intérieur, le soubassement, du sol aux premières fenêtres, est construit en marbre et en pierre de choin poli. Les assises de la base forment deux gradins circulaires, au-dessus desquels se développe une suite d'arcatures aveugles et géminées, portée par des pilastres cannelés à chapiteaux de marbre blanc; le tout est couronné d'une frise incrustée de ciment brun. Ce parti décoratif se prolonge sur les parois des deux chapelles latérales. A l'aplomb des six colonnes

Photo L. Bréguë.

SOUBASSEMENT DE L'ABSIDE
Frise incrustée, XIIe siècle.

qui s'élancent entre les fenêtres pour soutenir les nervures de la voûte, d'autres pilastres plus saillants portent six chapiteaux curieusement historiés : ils représentent les Rois Mages se rendant à Béthléem, la Vierge présentant l'Enfant-Dieu à leur adoration, la Nativité, où la Vierge, couchée,

Photo L. Bégule.

CHAPITEAU DU SOUBASSEMENT DE L'ABSIDE

refuse du geste les soins que lui offre une servante et, enfin, le premier bain de l'Enfant Jésus : deux femmes lavent l'Enfant dans un vase qui a la forme d'une urne baptismale : ce sont les sages-femmes dont parlent les Évangiles apocryphes. C'est au centre de cet hémicycle que se trouvait l'ancienne *cathedra* de nos archevêques, composée d'un siège de marbre élevé sur trois marches et de deux accoudoirs, dont la disposition est encore très visible. Le chapiteau qui surmonte le dossier du

A. Monvenoux et L. Bégule del.

TRÔNE PONTIFICAL AU FOND DE L'ABSIDE

trône représente Dieu le Père bénissant, avec le texte : *Ego sum qui sum* incrusté dans le marbre du tailloir. Malheureusement, les gradins, très richement incrustés de ciments colorés et qui sont la partie la plus importante de ce précieux témoignage de la puissance temporelle de nos anciens archevêques, restent, depuis plus d'un siècle, cachés sous un plancher impénétrable.

Dans la travée du chœur joignant le chevet, le mur est dépourvu de fenêtres et simplement occupé par un deuxième rang de hautes arcatures aveugles et peu saillantes à l'aplomb de celles du soubassement. Ces arcatures sont formées de trois lobes en fer à cheval, dont le tracé rappelle de la façon la plus singulière l'art musulman. Les chapiteaux de cet étage, en marbre blanc, sont plats et décorés simplement d'incrustations de ciment brun rouge. A droite, ce sont des feuilles d'acanthe ; à gauche, on voit un chameau et son conducteur, des têtes vomissant des feuillages, un coq surpris par l'apparition du diable.

La galerie du triforium, se développant tout autour du chœur pour rejoindre celle du transept et de la nef, forme le troisième étage de l'abside. Les arcades sont portées par des colonnettes de marbre alternant avec des pilastres cannelés ou même chevronnés et surmontés de fort beaux chapiteaux à feuillages, de l'art bourguignon le plus pur. Ici s'arrête dans l'abside l'œuvre du XIIe siècle.

Les incrustations. — Au-dessus et au-dessous de cette galerie courent deux frises de marbre blanc, incrustées de ciment brun, analogues à celle du soubassement, mais d'une composition plus variée et d'un dessin plus large, en raison de la hauteur où elles se trouvent. Ce parti décoratif, d'origine orientale, importé en Italie au XIe siècle, puis au XIIe à Lyon qui avait déjà tant de relations commerciales avec la Péninsule, joue un rôle des plus importants dans l'ornementation de la partie romane de la cathédrale[1]. Les incrustations de la cathédrale de Lyon seraient uniques en France

CHAPITEAUX INCRUSTÉS DES PAROIS LATÉRALES DU CHŒUR

si elles n'avaient été copiées au XIIIe siècle dans l'abside de la cathédrale voisine de Saint-Maurice de Vienne. Ce décor de couleur, tout oriental, apporte une note délicate au milieu de la sévérité de l'architecture. Les motifs répandus à profusion sur les chapiteaux, sur les tailloirs, les frises et jusque sur la marche supérieure du trône archiépiscopal sont d'une vie et d'une fantaisie étonnantes : on remarque des Janus bifrons et trifrons, des têtes de bouc, des poissons affrontés, le cheval, le hibou, le lion, une pleine lune, un évêque mitré, et enfin des masques grimaçants.

[1] Lucien Bégule. *Les incrustations décoratives des cathédrales de Lyon et de Vienne*, 1905.

Chapelles latérales du chœur. — Avant de terminer l'étude de l'abside par la voûte construite au XIIIe siècle, l'ordre chronologique des travaux nous amène à visiter les deux chapelles latérales du chœur, contemporaines de l'abside. La travée tangente au transept communiquait primitivement avec ces chapelles. Aujourd'hui, elles sont séparées du chœur d'un côté par l'orgue, de l'autre par une clôture moderne. De forme rectangulaire, elles se composent chacune de deux travées divisées par un arc doubleau qui repose sur des chapiteaux portés en encorbellement par des consoles et non par des colonnes, afin de laisser aux chapelles toute leur largeur.

Les voûtes sur croisées d'ogives de ces chapelles sont les plus anciennes de tout l'édifice, les seules qui soient dans l'esprit du plan primitif. Huit mascarons, interprétations libres de types romains, décorent les sommiers des arcs formés de trois tores. Tandis que la fenêtre orientale est en plein cintre, surmontée d'une rose à plusieurs lobes, les deux fenêtres latérales sont en tiers point et flanquées de colonnettes à bases de marbre blanc incrustées et surmontées de très beaux chapiteaux romans.

Partie supérieure de l'abside. — La frise incrustée qui surmonte le triforium de l'abside marque une interruption dans les travaux entrepris par l'archevêque Guichard. A ce niveau, les chapiteaux des colonnettes qui montent d'un seul jet, pour porter les nervures des voûtes, accusent très franchement les caractères de transition du XIIe au XIIIe siècle,

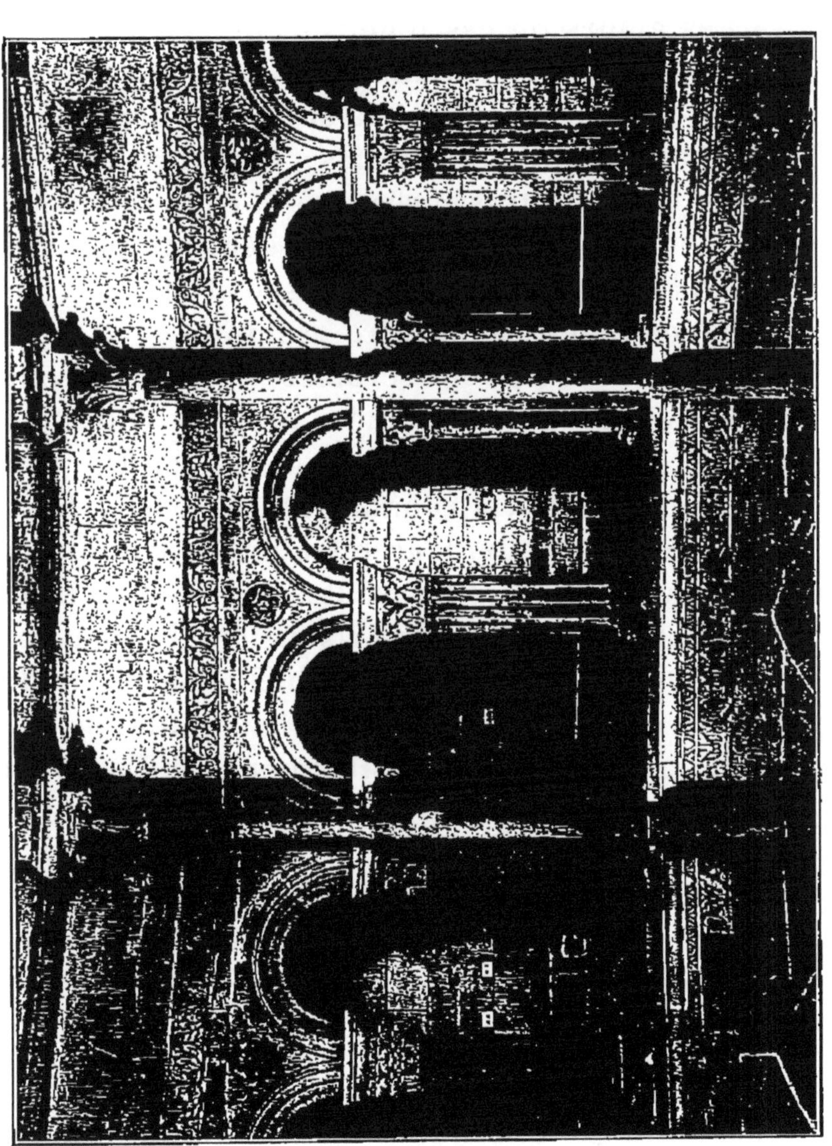

Photo L. Bégule.

TRIFORIUM DE L'ABSIDE

ainsi que toute la partie supérieure du chœur. Cet étage comprend une série de sept baies géminées

nées, encadrées par les branches d'ogives qui viennent se souder en faisceau à la clef de voûte. Les ajours de ces fenêtres affectent la forme très rare et peut-être unique d'un cœur. Les quatre fenêtres des travées à la suite sont divisées en trois baies par des colonnettes ; l'arc brisé de la baie centrale est très surhaussé et ceux des deux baies latérales ont leur sommet découpé par de petits évidements circulaires, disposition dont nous ne connaissons pas d'autre exemple.

Les voûtes sur croisée d'ogives, contemporaines, ou à peu d'années près, de celles du transept, sont du début du XIIIe siècle. Un problème délicat venait, à ce moment, se poser à la sagacité du constructeur. L'architecture se lançait dans une nouvelle voie et les voûtes gothiques élevées sur la construction romane risquaient de compromettre gravement l'harmonie du chœur. Le maître d'œuvre s'en est tiré avec une habileté parfaite. La courbure de la voûte a été sensiblement brisée au sommet, mais sans prétendre aux élancements des cathédrales du Nord.

Dès le transept, l'architecte a pu librement lancer ses voûtes dans l'espace, mais encore a-t-il su ménager sa transition entre l'élévation de la nef et celle des bras de croix, en donnant à ceux-ci la hauteur même du chœur. Dans le transept, qui s'élève à la hauteur de la nef, les différences de niveau furent rachetées au moyen de murs verticaux, ajourés, au-dessus du chœur, par une rose et deux baies latérales et, au-dessus de l'arc doubleau des bras de croix, par des galeries de communication en forme de triforium.

Photo L. Bégule.

Transept

Transept et clochers. — Les croisillons surmontés aux deux extrémités par les deux grands clochers, furent élevés en même temps que la nef sur de puissantes assises en matériaux romains, mais seulement jusqu'à la naissance des ogives qui portent les voûtes. Celles-ci ont été construites peu après, au XIIIe siècle.

La construction accuse cependant des indécisions et des modifications, principalement dans les arcatures du triforium qui suivent immédiatement la partie élevée au-dessus des deux chapelles. Les crochets des chapiteaux ne s'épanouissent pas encore en feuillages, mais se terminent par de simples boules. Des colonnettes semblent avoir subi comme une sorte de torsion qui rappelle les ondulations de certains pilastres de l'abside. Ces différences s'expliquent soit par les essais timides des constructeurs qui expérimentaient une architecture nouvelle, soit par des interruptions provoquées par l'insuffisance des ressources. Seules les arcades de la travée, à l'angle de la nef, ont été montées en même temps qu'elle et accusent les caractères du XIIIe siècle dans tout son épanouissement.

Les parties hautes des murs de fond du transept sont ajourées de magnifiques roses rayonnantes qui l'illuminent des feux multicolores de leurs vitraux. Au-dessus s'élèvent deux tours massives et carrées. Celle du nord appartient tout entière au XIIIe siècle, mais celle du midi, connue sous le nom de la *Madeleine*, à cause des deux chapelles dédiées à sainte Madeleine, situées au-dessous de la tour, ne fut élevée qu'au XVe siècle.

Quel devait être le couronnement de ces tours

restées inachevées faute de ressources et couvertes d'un toit provisoire? Cette question, qui a souvent été agitée, est difficile à résoudre, la maçonnerie de la tour septentrionale n'étant pas terminée. Quant à celle du midi, couronnée par une balustrade ajourée qui attend encore ses clochetons d'angle et de milieu, on ne constate pas la présence de trompes dans les angles supérieurs, ce qui, *a priori*, pourrait exclure la probabilité de flèches élancées. Le constructeur avait peut-être, simplement, prévu une flèche, en forme de pyramide carrée et peu élevée, rappelant celles qui devaient surmonter les tours de la façade, dont les amorces sont encore très visibles?

Avant 1562, onze cloches constituaient la sonnerie de la cathédrale. Deux d'entre elles seulement échappèrent aux ravages des calvinistes. Elles se trouvent dans la tour du nord. La « grosse cloche », fondue en 1508 aux frais des chanoines-comtes, eut pour marraine Anne de Bretagne, femme de Louis XII et fut baptisée sous le nom de Marie. Elle fut refondue en 1622 avec le même métal. C'est le fameux « bourdon » de Saint-Jean, si populaire à Lyon par la puissance et la gravité de ses sons : il pèse 8.300 kilogrammes, mesure $2^{m},19$ de diamètre et donne le la bémol. Une seconde cloche date de 1671 et porte encore le vieux nom de Quart-Sing.

Intérieur de la nef. — Peu après la construction du chœur et des chapelles latérales donnant sur le transept, on avait élevé le périmètre des collatéraux, et de la façade même jusqu'au niveau des bases des piles engagées. Les profils rappellent de très près ceux des piliers romans du chœur. Quand les travaux reprirent, au XIIIe siècle, le maître d'œuvre monta les bas côtés sur les fondations déjà établies; mais les piliers de la nef sont tout entiers du XIIIe siècle. La disposition primitive des collatéraux, tels qu'ils étaient avant l'ouverture des chapelles, avec leurs fenêtres à deux baies, est encore visible dans la travée qui touche la façade.

La nef, qui offre une complète unité, tout au moins dans ses grandes lignes, comprend huit travées recouvertes de quatre voûtes d'ogive sexpartites. Chacune de ces grandes voûtes, coupées par une nervure intermédiaire passant par la clef, embrasse deux travées. Seules, les deux dernières travées à l'occident furent élevées en même temps que la partie intérieure de la façade sous l'administration de Pierre de Savoie, vers 1310. Les voûtes de ces deux travées ne furent terminées que plus tard, en même temps que le haut de la façade, par l'archevêque de Thurey, 1358-1365, dont on retrouve les armes aux vitraux et aux clefs des voûtes [1].

L'élévation du vaisseau comporte trois divisions: les grandes arcades s'ouvrant sur les collatéraux

[1] Une conséquence fâcheuse du plan carré formant deux travées divisées par un léger arc doubleau, c'est de donner aux arcs ogives une direction trop oblique dont la projection coupe désagréablement la vue des fenêtres, comme on peut s'en rendre compte sur l'élévation longitudinale.

Coupe longitudinale de la cathédrale de Lyon

et reposant sur de robustes piliers, un triforium se développant tout autour de l'édifice et les fenêtres hautes.

Les huit piliers cruciformes, tous semblables, sont composés d'une grosse pile cantonnée de quatre colonnes engagées. Deux de ces colonnes soutiennent les grandes arcades de la nef, une autre les arcs doubleaux longitudinaux des bas côtés et la dernière s'élance jusqu'aux voûtes de la nef pour porter alternativement la retombée des arcs doubleaux ou la nervure intermédiaire des grandes voûtes. Entre ces quatre colonnes, deux colonnettes en délit montent supporter les croisées d'ogives de la nef et deux autres soutiennent les formerets et les nervures des bas côtés. Ces faisceaux de colonnes reposent sur un socle robuste à huit faces et des bases à deux tores séparés par une scotie entre deux filets, très refouillée et se creusant en gouttière profonde. Le tore inférieur, robuste et saillant, accompagné de griffes, déborde sur les bases, tandis que le tore supérieur, plus aplati, semble écrasé par le poids des colonnes. Dans les collatéraux, les arcs doubleaux, les formerets et les ogives portent également sur une grosse colonne et quatre colonnettes engagées dans le mur latéral. Au pied de ce mur régnait une assise de pierre destinée à servir de banc aux fidèles. Cette disposition se retrouve près des piliers et dans la dernière travée. Les chapiteaux des piliers et des colonnes montrent un admirable épanouissement de feuillages d'érable, de chêne, de figuier, accrochés à la corbeille et sculptés avec une parfaite observation de la nature.

Le triforium, galerie de circulation qui se prolonge tout autour de l'édifice, constitue la deuxième division de la nef et se compose de quatre arcades par travée. Les différences architecturales provenant des reprises successives dans les travaux sont ici très visibles. Ainsi, dans les deux travées faisant suite au transept, les petites voûtes de la galerie sont des voûtes d'ogives reposant sur des consoles historiées. Dans les travées suivantes, ce sont de simples berceaux, enfin, dans les deux dernières — celles du XIVe siècle — l'extrados des arcs brisés qui surmontent les arcatures est orné de crochets. De même que pour les chapiteaux des grands piliers, la flore locale a fourni les motifs de tous ceux du triforium : feuilles de vigne, d'érable, de houx, feuilles d'eau. Les crochets de l'un d'eux se terminent même de façon très inattendue par des têtes feuillagées. Ces chapiteaux, eux aussi, accusent nettement des reprises dans les travaux. Ceux des quatre premières travées, en partant du chœur, sont simplement ornés de crochets feuillagés tandis que ceux des deux travées suivantes sont tous décorés de bouquets de feuilles s'épanouissant sur la corbeille : la plupart portent la « marque » de leur auteur, c'est-à-dire un profil humain ou une demi-feuille d'érable, très soigneusement gravés sur le tailloir ou sur la corbeille.

Les grandes fenêtres qui forment le dernier

étage de la nef, au-dessus de la galerie de circulation, occupent tout l'espace compris entre les contreforts et s'élèvent jusqu'aux voûtes, formant ainsi une immense clairevoie surmontée de roses polylobées. Ces fenêtres sont divisées, chacune, en trois baies par des meneaux formés d'un groupe de colonnettes bâties en assises. Les bases de ces colonnettes, débordant sur le mur, portent en encorbellement sur des culs-de-lampe et affectent les formes les plus variées : chapiteaux à crochets, masques humains, animaux bizarres. Les contreforts intérieurs, établis au-dessus des piliers de la nef entre les colonnettes qui supportent les formerêts et les nervures des voûtes et la paroi des fenêtres, sont réunis l'un à l'autre par une arcade. C'est sur ces arcades que reposent la corniche du couronnement de la nef, le chéneau et la balustrade.

Chapiteau du triforium

Le revers de la façade, qui n'est pas occupé par un buffet de grandes orgues, puisque l'usage de cet instrument était prohibé par le rituel lyonnais, pourrait sembler un peu nu. Un gable élancé, mais peu saillant, surmonte le portail ; deux autres l'accompagnent latéralement couronnant des consoles et des dais, aujourd'hui privés de leurs quatre grandes statues. Au-dessus retournent le triforium et la galerie supérieure reliant ainsi les deux parois de la nef et sous la voûte s'ouvre la grande rose de Jacques de Beaujeu.

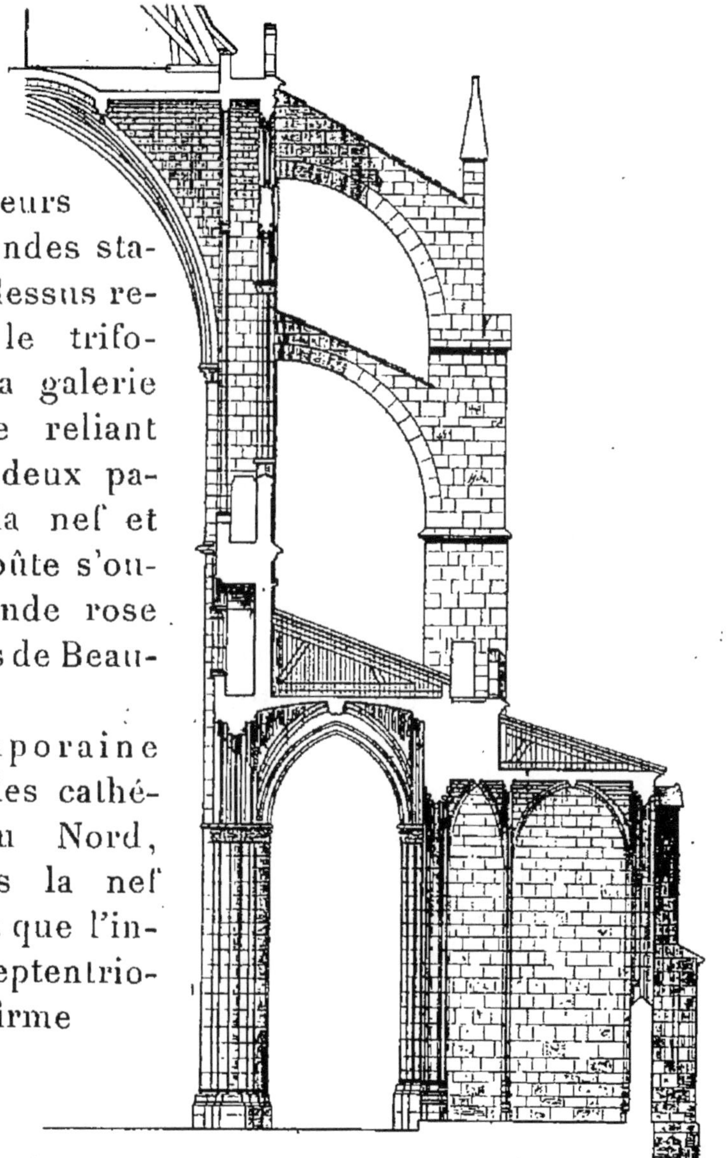

Contemporaine des grandes cathédrales du Nord, c'est dans la nef seulement que l'influence septentrionale s'affirme dans la cathédrale de Lyon. Mais ici l'ascension éperdue des lignes est tempérée par un reste d'influences méridionales et il en résulte un en-

Coupe transversale de la nef, côté nord

semble d'une ordonnance grave et solennell d'une perfection et d'une harmonie absolues. Sar doute, les proportions de cette nef sont moir monumentales que celles de Reims, de Chartre ou d'Amiens et l'impression moins violente. Ma son charme plus discret et aussi savant en fait u des purs chefs-d'œuvre de l'architecture gothiqu de notre pays.

Extérieur de la nef. — L'effet de l'extérieur d la nef a été considérablement diminué et dénatur par les bâtiments adossés à la Manécanterie et pa la maison des Comtes de Lyon, qui masquent e partie la face méridionale et s'opposent à toute vu d'ensemble. Au sommet du mur des bas côtés règn une galerie qui passe au travers des contreforts sur une corniche formant larmier, couronnée d'un balustrade en festons. Cette disposition, en parti visible au nord, disparaît au midi sous la longu toiture qui est venue prolonger celle du collatéra pour couvrir les chapelles ajoutées au XVe siècle Au-dessus de la chapelle des Bourbons, dans l gorge de cette corniche, se développe une trè curieuse suite d'animaux, sculptés par l'imagie qui les signait de son profil.

Au-dessus du comble des bas côtés, l'architec ture du XIIIe siècle apparaît dans toute son intégrité Sept grandes fenêtres divisées chacune en trois baies par deux meneaux, couronnées de roses à redents, occupent toute la partie haute de la nef laissant entre elles juste la place nécessaire pou les points d'appui des arcs-boutants. Le mur est

Photo L. Bégule.

(XIVe siècle). DÉTAILS DE LA NEF (XIIIe siècle).

couronné par un large chéneau formant chemin

de ronde, surmonté d'une balustrade dentelée qui ne réussit pas à cacher l'énorme toiture moderne. Entre chacune des fenêtres, six arcs-boutants doubles, appuyés sur de puissants contreforts surmontés de pinacles élégants, viennent épauler la poussée des voûtes. Au midi, six grandes statues de belle allure sont adossées à la face principale de chacun des contreforts. Malgré les mutilations causées par les arquebusades des calvinistes en 1562, on reconnaît encore facilement Moïse, Aaron, Josué, Gédéon, le jeune David recevant l'onction de la main de Samuel et enfin David, le Roi-prophète, couronné et jouant du rebec. Ces six figures groupées par un lien historique apparent rappellent les principaux moments de la destinée du peuple juif avant le Messie et, en même temps, les grandes institutions judaïques, symbolisées chacune par leur premier ou leur plus illustre représentant: la théocratie par Moïse, le sacerdoce par Aaron, l'armée par Josué, la judicature par Gédéon, la prophétie par Samuel, la royauté par David.

La face septentrionale présente la même disposition, mais les contreforts sont dépourvus de statues. Comme l'église Saint-Étienne masquait ce côté de l'édifice, on a réservé toute l'ornementation pour les culées méridionales, exposées aux regards des chanoines qui circulaient dans le cloître.

Façade. — Construite au cours du XIVe siècle

et achevée au XVe, la façade constitue la dernière étape de la construction de la cathédrale.

Photo L. Bégule.

LA FAÇADE

Elle s'élève, large et sévère, au-dessus d'un parvis de trois marches, sur un soubassement formé d'énormes blocs de marbre cipolin veiné de vert, qui proviennent du Forum de Trajan. Elle se divise dans le sens de la hauteur, en trois étages distincts.

Le soubassement est percé de trois larges baies surmontées de profondes voussures peuplées de légions d'anges et de saints et couronnées de gables élancés décorés de rosaces aveugles. Les trente-deux grandes statues qui formaient une imposante garde d'honneur à l'entrée des trois portails et dans leur intervalle sur le devant de la façade ont disparu, mais les innombrables bas-reliefs qui animent les pieds-droits présentent un merveilleux ensemble iconographique qui demande une étude spéciale. Au-dessus des trois portails se développe, sur toute la largeur de la façade, une série d'arcatures aveugles au niveau du triforium ; elles sont coupées par le gable central. De part et d'autre de celui-ci des écussons aux armes de France et du pape Sixte IV furent placées solennellement en 1476, en mémoire des faveurs spirituelles accordées à l'Église de Lyon. Une balustrade découpée en quatre lobes et bordant une galerie de circulation termine le premier étage.

Sur cette galerie s'élève un mur en retrait, plus sobrement décoré, au milieu duquel s'ouvre la grande rose de Jacques de Beaujeu, achevée en 1392. Elle est accompagnée, latéralement, de deux groupes de quatre consoles et d'autant de dais finement sculptés qui abritaient jadis de grandes statues. Dans le groupe de gauche, on a établi le cadran de l'horloge. Aux extrémités de la façade, les tourelles à pans coupés des escaliers se détachent à l'étage supérieur où elles viennent se souder aux deux clochers.

Une seconde balustrade termine le second étage et sert de base au grand pignon et aux deux tours qui se détachent à ce niveau, en constituant la troisième division de la façade.

Les quatre faces des deux tours sont percées de grandes ouvertures à meneaux. Une balustrade avec pinacles et crête fleuronnée en couronne le sommet. Sur la plateforme de ces tours, des souches d'arêtes et, aux angles, les arrachements de quatre pinacles portant sur quatre trompes indiquent visiblement que le plan primitif avait prévu deux flèches octogonales, peu élevées à vrai dire, qui n'ont jamais été exécutées.

Le grand pignon, simple motif décoratif, ne se soutient que par son aplomb et le constructeur, pour l'alléger, l'a ajouré d'une haute et élégante baie à meneau qui, avant l'établissement du comble monumental de 1862, découpait heureusement sur le ciel la dentelle de ses ajours. A droite et à gauche de la baie, la Vierge et l'Ange de l'Annonciation et, au sommet, dominant tout l'édifice, un Dieu de Majesté remplacent les figures d'Hugonin de Navarre, taillées en 1481 et détruites par les calvinistes en 1562. Cette dernière figure qui avait été dorée en 1482 étincelait au soleil. Pourquoi, lors de sa réfection, ne pas lui avoir rendu son ancienne parure.

Malgré la sobriété et la simplicité de lignes de cette façade, qui se réduit presque à un schéma architectural, et bien qu'elle soit aujourd'hui privée de la plus grande partie de la statuaire qui l'animait, on ne peut méconnaître sa majestueuse grandeur.

Photo L. Bégule.

RETABLE DE LA CHAPELLE DE L'ANNONCIADE

CORNICHE DU BAS CÔTÉ MÉRIDIONAL

III

SCULPTURES DE LA FAÇADE

Tympans et voussures des portails. — La sobriété de cette façade n'est en réalité qu'apparente, car tout un monde de sculptures l'anime, mais de façon très discrète. Ces sculptures méritent de retenir l'attention par leur richesse iconographique.

Avant 1756, un trumeau divisant le portail central, supportait le tympan qui devait représenter le Jugement Dernier, si nous en croyons une miniature du manuscrit *De tristibus Francice* exécutée peu après sa destruction ; les anges adorateurs des voussures attestent la présence du Christ triomphant.

La voussure extérieure contient vingt de ces anges qui jouent de divers instruments, vielle, orgue à main, saquebute, etc. Seules les têtes des plus élevés ont échappé au marteau des calvinistes. Dix-huit séraphins occupent la suivante, seize anges acolytes la troisième et quatorze thuriféraires la quatrième.

Portail droit. — Jusqu'en 1878 les tympans latéraux étaient restés couverts d'une épaisse couche de plâtre destinée à dissimuler les mutilations de la sculpture. Nous pûmes faire enlever cet enduit dans l'espoir de retrouver quelques traces des compositions primitives. Au tympan de droite les arrachements indiquent nettement le Couronnement de la Vierge. Sur le linteau on reconnaît aisément l'étable de Bethléem, l'Adoration des Mages et des bergers. Dans les trois voussures de ce portail sont distribuées trente-six statuettes très mutilées des prophètes et des patriarches qui ont prédit ou figuré les destinées de la Vierge.

Portail gauche. — Les sujets du linteau et du tympan, trop martelés, ne sauraient être reconnus. Trente-six figures assises, toutes décapitées, occupent les voussures. Dans la première on peut distinguer à leurs attributs, saint Pothin, saint Irénée, sainte Blandine, sainte Biblis, martyrisés à Lyon, sainte Marie-Madeleine, saint Galmier avec le marteau de son ancien métier de forgeron, sainte Agathe, sainte Catherine, saint Victor appuyé sur la meule, instrument de son martyr, etc. Dans la deuxième voussure : saint Côme, patron d'une église de Lyon, une flèche sur les genoux, saint Bénigne, disciple de saint Polycarpe, saint Félix diacre, disciple de saint Irénée, saint Polycarpe, fondateur de l'Église de Lyon, enveloppé de flammes, etc. Dans la troisième, un chevalier appuyé sur un écu, saint Ferréol, disciple de saint Irénée et martyr, saint Benoît, saint Denis, saint Nizier, évêque de Lyon, etc.

La signification symbolique de cet ensemble paraît être une image de la Jérusalem céleste : au portail central, le Christ entouré de ses anges; à celui de droite la Vierge couronnée, au milieu des patriarches et des prophètes; à celui de gauche, l'Église triomphante, personnifiée par les saints martyrs et principalement par ceux de l'Église de Lyon.

Photo L. Bégule.

VOUSSURE DU PORTAIL GAUCHE

Médaillons des soubassements. — Sur les soubassements des trois portails se développe une véritable tapisserie sculptée qui comprend près de trois cent cinquante petits bas-reliefs de pierre. Cet ensemble est d'une richesse presque unique : on ne peut lui comparer que les sculptures des deux portails latéraux, dits de la Calende et des Libraires, de la cathédrale de Rouen avec lesquels ils présentent la plus frappante analogie[1]. Les bas-reliefs des portails de Rouen datent de l'extrême fin du XIIIe siècle. L'exécution de ceux de Lyon a dû commencer vers 1310.

Ces médaillons disposés sur la face et le retour des pilastres supportant les grandes statues détruites par les calvinistes, constituent une véritable encyclopédie figurée. Aussi les imagiers se sont-ils inspirés non seulement de l'Ancien Testament, de l'Évangile, des Actes des saints, mais aussi des légendes pieuses, des Bestiaires plus ou moins « moralisés », des travaux des saisons et de la vie contemporaine sous ses aspects gracieux ou ridicules. Le tout sans aucun ordre apparent : toute liberté semble avoir été laissée à la fantaisie individuelle des imagiers. Ceux-ci ont égayé la pierre de compositions purement ornementales empruntées au régime végétal, d'animaux hybrides ou fabuleux : mais, à part deux ou trois sujets quelque peu gaulois, rien d'obscène ou de scatologique, ni même de satirique à l'endroit du clergé.

Le portail central montre : 1° *Les travaux des Mois* et le *Zodiaque* ; 2° l'*Histoire de saint Jean-Baptiste* ; 3° *La Genèse* ; 4° *des sujets divers* (légendes, scènes de la vie monastique ou privée, portraits).

[1] Le soubassement de Saint-Jean a dû servir de modèle au maître de l'œuvre de Clément VI pour le décor des deux jambages du portail de la grande chapelle de son palais d'Avignon, qu'il venait d'achever en 1351. Le style, l'ordonnance et le choix des sujets de cette porte nouvellement découverte offrent une incontestable analogie avec les sculptures de Lyon.

Sur les portails latéraux nous remarquons : des scènes bibliques, les vies et légendes des saints,

Photo L. Bégule.

SOUBASSEMENT DU PORTAIL CENTRAL, CÔTÉ DROIT

des scènes symboliques et morales, la zoologie mystique des fantaisies décoratives et de nombreux sujets intéressants pour l'étude des costumes religieux, civils et militaires.

Ces bas-reliefs, principalement pour le portail central, doivent généralement se lire dans le sens horizontal en partant du seuil.

Portail central. — Les travaux des mois et les signes du zodiaque, véritable almanach de pierre, occupent, à la base, seize médaillons plus petits que ceux des assises supérieures.

Ire Assise (côté droit). — 1, *Janvier*. Un personnage à table. — 2, *Février*. Un homme se chauffe en surveillant la marmite. — 3, *Mars*. Un vigneron émonde sa vigne. — 4, *Avril*. Un jardinier taille ses arbres. — 5, *Mai*. Un jeune seigneur part pour la chasse. — 6, *Juin*. Un paysan fait ses foins. — 7, *Juillet*. Le paysan moissonne. — 8, *Août*. Il bat son blé. — 9, *Septembre*. Il foule le raisin dans la cuve. — 10, *Octobre*. Il donne des glands à ses porcs. — 11, *Novembre*. Il taille les arbres. — 12, *Décembre*. Il tue son porc pour l'hiver; des jambons pendent aux solives.

Une scène de chasse occupe les quatre derniers médaillons.

(Côté gauche). — Les signes du zodiaque sont dans l'ordre suivant :

1. *Le Verseau*. — 2. *Les Poissons*. — 3. *Le Taureau*. — 4. *Le Bélier*. — 5. *L'Ecrevisse*. — 6. *Les Gémeaux*. — 7. *La Vierge*, tenant un cœur et une palme. — 8. *Le Lion*. — 9. *Le Scorpion*. — 10. *La Balance*. — 11. *Le Capricorne*. — 12. *Le Sagittaire*. Dans les quatre sujets suivants des animaux combattent, un coq crève les yeux d'un renard.

IIe Assise (côté gauche). — Vie de saint Jean-Baptiste. — 1. Zacharie au Temple. — 2. Le peuple prie à la porte du Temple. — 3. Zacharie sort du Temple. — 4. La Visitation. — 5. Nativité de saint Jean. — 6. Jean nommé par son père. — 7. Saint Jean reçoit sa mission du Seigneur. — 8. Prédication de saint Jean dans le désert.

(Côté droit). — 1. Baptême de Jésus. — 2. Saint Jean devant Hérode. — 3. Salomé danse devant Hérode. —

4. Salomé prend conseil de sa mère. — 5. Salomé demande la tête de saint Jean. — 6. Décollation de saint Jean. — 7. Salomé apporte la tête à sa mère. — 8. Ensevelissement de saint Jean.

IIIe Assise (côté droit). — LA GENÈSE. — 1. Création des éléments. L'artiste a résumé dans ce seul médaillon les cinq premières journées de la création. — 2. Création de l'homme et de la femme. — 3. Adam et Eve placés dans l'Eden. —

LE CORBEAU ET LA COLOMBE ENVOYÉS PAR NOÉ

CAÏN TUE ABEL (*Portail central*)

4. Le péché originel. Le serpent à tête de femme est enroulé autour de l'arbre. — 5. Adam et Eve chassés du Paradis terrestre. — 6. Un ange couvre la nudité d'Adam et d'Eve. 7. La réhabilitation par le travail. Adam pioche la terre et Ève file la laine. — 8. Offrande de Caïn et d'Abel.

(Côté gauche). — 1. Caïn tue Abel. — 2. Dieu reproche ce meurtre à Caïn. — 3. Mort de Caïn tué par Lamech dans la forêt. — 4. Construction de l'arche. — 5. Entrée des animaux dans l'arche. — 6. Le corbeau et la colombe envoyés par Noé. — 7. Noé plante la vigne. — 8. Ivresse de Noé.

IVe Assise (côté droit). — Construction de la tour de Babel. — 2. Confusion des langues. — 3. Sacrifice de

Melchisédech. — 4. Dieu éprouve la fidélité d'Abraham. — 5. Séparation d'Abraham et de Loth. — 6. Loth reçoit les anges chez lui. — 7. Les habitants de Sodome veulent forcer la maison de Loth. — 8. Loth leur offre ses deux filles.

(Côté gauche). — 1. Un ange console Agar. — 2. Querelle entre les bergers d'Abraham et de Loth. — 3. Embrasement de Sodome. — 4. L'ange fait sortir Loth de Sodome. — 5. Inceste de la fille aînée de Loth. On a prétendu que cette scène avait été martelée sur l'ordre du chapitre. En réalité l'artiste, devant le choquant du sujet, a laissé la pierre à peine dégrossie, n'indiquant intentionnellement que l'entrée de la caverne. — 6. Les filles de Loth donnent du vin à leur père. — 7. Inceste de la fille cadette de Loth. Sujet traité comme celui n° 5. — 8. La fille aînée invite la cadette à l'imiter. Ici l'ordre a été interverti.

Ve Assise (côté droit). — 1. Naissance d'Isaac. — 2. Agar chassée avec Ismaël. — 3. Agar abandonne son fils. — 4. Un ange console Agar. — 5. Mort de Sara. — 6. Abraham achète un champ pour la sépulture de Sara. — 7. Rébecca abreuve les chameaux d'Eliézer. L'artiste, peu soucieux du texte de l'Ecriture, a remplacé les chameaux par des animaux plus connus de nos contrées, une chèvre et un porc. 8. Laban reçoit Eliézer.

(Côté gauche). — 1 et 2. Eliézer donne des présents à Rébecca et Laban. — 3. Deux diables emportent un damné. 4. Rébecca donne à boire à Eliézer. A partir d'ici les sujets sont isolés et sans ordre.

Sujets divers. — 5. Saint Nicolas. — 6. Une petite figure sort de l'échine d'une tarasque. Probablement sainte Marguerite. Ce sujet est semblable à l'un de ceux du portail des Libraires de Rouen. — 7. Saint Sébastien. — 8. Roi offrant à un moine le modèle d'une Église.

VIe Assise (côté droit). — 1. Jeune homme et jeune fille tressant des couronnes. — 2. Jeune homme caressant le menton d'une dame qui lui offre son cœur de la main gauche. — 3. Un roi donne une charte à une abbesse. — 4. Un clerc cherche à faire violence à une femme. — 5. Deux moines au lutrin. — 6. Un saint nimbé. — 7. Jeune homme offrant un petit chien à une dame. — 8. Jeune homme et jeune fille cueillant des fruits.

(Côté gauche). — 1. Chevalier et jeune dame soutenant un écu aux armes de Savoie. Ce sujet peut se rattacher au souvenir des fondations de l'archevêque Pierre III de Savoie en faveur de sa cathédrale et en particulier pour cette partie de la façade. — 2. Une dame et un jeune page caressent un faucon. — 3. Un roi remet une épée à un personnage. — 4. Un homme s'éloignant d'une religieuse. — 5. L'Annonciation. — 6. Femme couronnée entraînant un personnage nu. — 7. Deux moines discutent un texte. — 8. Deux docteurs conversant.

VIIe Assise. — Toutes les compositions de ce dernier rang abritées sous les pinacles qui couronnent ces pilastres sont traitées avec une délicatesse infinie et peuvent rivaliser avec les plus élégantes sculptures sur ivoire du XIVe siècle.

(Côté droit). — 1. Vieillard sur un animal moitié loup moitié cheval. — 2. Deux amoureux, le faucon au poing, se caressent assis sous un chêne. — 3. Saint-Martin partage son manteau. — 4. Deux personnages agenouillés sollicitent un évêque. — 5 et 6. Deux bustes d'évêques. — 7 et 8. Une reine et un roi ; peut-être Jeanne de Navarre et Philippe le Bel qui imposa sa suzeraineté à Lyon.

(Côté gauche). — Une femme tenant une lance entre un chevalier et une jeune fille agenouillés. — 2. Une reine assise sur deux lions — 3 et 4. Deux charmantes scènes de saint Georges terrassant le dragon. — 5. Un roi avec le sceptre et une bourse. — 6. Un clerc, une palme et un livre à la main. — 7 et 8. Deux figures richement drapées.

PORTAILS LATÉRAUX. — Les sujets des deux portails latéraux ne se présentant plus en séries continues comme la plupart de ceux du portail central, il est nécessaire de les grouper autant que possible par genres. Des abréviations permettront d'en retrouver la place. P. D.-G. 3. signifie : Portail droit, côté gauche, troisième rang. P. G. D. 5 : Portail gauche, côté droit, cinquième rang.

Scènes bibliques, vies et légendes des Saints. — *Histoire de Samson.* P. G. G. 6. — 1. Dalila coupe les cheveux de Samson. — 2. Samson attaché à la colonne.

Vie de saint-Pierre. P. G. D. 2. — On sait que saint Pierre était patron de l'archevêque Pierre de Savoie qui fit exécuter les portails de 1308 à 1332. On a raison de croire que c'est là ce qui a motivé les six compositions suivantes : — 1. Vocation de saint Pierre. — 2. Délivrance de saint Pierre. — 3. Fuite de saint Pierre. — 4. Saint Pierre rencontre Jésus aux portes de Rome. — 5. Un archevêque reçoit la mitre de saint Pierre et de saint Paul, allusion à la consécration de Pierre de Savoie. — 6. Crucifiement de saint Pierre.

L'Apocalypse. P. G. D. 5. L'imagier a représenté la vision de saint Jean : « Sept chandeliers d'or, et au milieu des chandeliers, le Fils de l'Homme qui avait en sa main droite sept étoiles. »

Mort de saint Ennemond. P. G. D. 5. Saint Ennemond, 44e évêque de Lyon, est poignardé par un émissaire d'Ebroïn.

Légende de Théophile. P. D. D. 4. Deux sujets sur la face et le retour du même pilastre résument la légende popularisée par Rutebeuf. I. Théophile, vidame de l'Église d'Adane en Cilicie, ayant été destitué injustement, recourut au diable et lui promit par écrit de renoncer au Christ et à la Vierge. II. Mais pris de remords, Théophile supplie Notre-Dame et celle-ci arrache au diable le traité signé de sa main.

Figures de saints isolés. P. D. D. 3. Sainte Catherine d'Alexandrie, sur un dragon, avec le glaive et la roue de son martyre. — P. D. D. 5. Saint Laurent présente son gril à un autre personnage qui recule effrayé. P. D. D. 6. Trois sujets retracent des miracles de la vie de saint Benoit, relatés par saint Grégoire le Grand. Un moine cherche à empoi-

Photo L. Bégule.

SOUBASSEMENT DU PORTAIL GAUCHE, CÔTÉ GAUCHE

sonner saint Benoit. — Un novice qui déserte son monastère est arrêté par un dragon. — P. G. G. 6. Une sainte agenouillée est martyrisée à coups de massue. — P. G. G. 3. Troisième représentation de saint Georges terrassant le dragon. — P. G. G. 5. Saint Pierre et saint Paul. — P. G. G. 3-5-6. Diverses figures de saints non identifiées.

Anges. — Aux deux portails les couronnements des pieds-droits contiennent douze anges à mi-corps, les ailes éployées, distribuant des couronnes aux saints figurés au-dessous.

Scènes symboliques et morales — La *Luxure* P. D. D. 3 — Une femme très élégamment drapée élève un hanap. Sous ses pieds un lièvre s'enfuit poursuivi par un chien. — L'*Eglise* et la *Synagogue*. — C. D. G. 2. L'Église couronnée s'appuie sur la croix, et la Synagogue laisse tomber sa couronne. Le sujet en retour est une variante du précédent. — La *Force* P. G. G. 2. Une jeune fille dompte un lion qui lui sert de monture. — La *Peur*. P. D. G. 1. Un chevalier, le glaive à la main, se défend d'un colimaçon. P. G. D. 4. Un homme armé d'une hache frappe un chien niché dans une coquille d'escargot. — P. G. D. 4. Une femme montée sur le dos d'un homme l'oblige à marcher en se traînant sur les mains. Un bâton d'une main, un linge tordu de l'autre, lui servent à stimuler l'allure du pauvre mari. Le sujet, qui est de tous les temps, se passe de commentaires. — Le *Pèsement des âmes*. P. G. G. 7. Saint Michel tenant la balance de la justice divine, résume la pensée du Jugement dernier qui avait toujours sa place dans la statuaire d'une cathédrale. — *Luttes contre le Dragon*. P. D. D. 2. — P. D. G. 2 et 3 — P. G. D. 1. — P. G. G. 3, etc. Aux deux portails, des personnages de toutes conditions, chevaliers, bourgeois, paysans, attaquent le dragon, fantaisie décorative ou emblème de la lutte du chrétien contre le mal.

Zoologie symbolique. — Les animaux revêtus d'un sens symbolique, tels que l'entendaient les Pères de l'Eglise et tels qu'ils furent vulgarisés dans l'enseignement scolastique du moyen âge abondent dans les médaillons de la façade. — Le *Phénix*. P. D. D. 2. Emblème du Christ sacrifié puis ressuscité. — Le *Pélican* P. D. D. 2. Les *Sirènes*. P. D. G. 3 — P. D. G. 3. — P. D. D. 1. — P. D. D. 3. — Quatre sujets du portail droit rappellent le prestige de ces perfides enchanteresses dont le chrétien doit savoir fuir les séductions comme Ulysse et ses compagnons. — Le *Corbeau.* P. G. D. 3. Image du diable, le corbeau dévore la cervelle et les yeux d'un lapin, de même que le démon aveugle les pécheurs. — L'*Aigle* P. G. D. 3. Symbole de la Résurrection. — L'*Ibis* P. G. G. 2. Cet oiseau se repaît de charognes, comme le « pécheur endurci qui ne touche jamais aux aliments spirituels ». Dans la sculpture, l'artiste grossièrement inspiré, a moins cherché à rappeler l'enseignement moral que l'inconvénient résultant pour cet animal d'une nourriture malsaine et trop abondante. — La *Foulque.* P. G. G. 4. Au contraire elle vit frugalement de poisson toujours frais, « comme le bon chrétien nourri de la parole de Dieu. » — L'*Eléphant* P. G. G. 2. Il passait, d'après, les auteurs des *Bestiaires*, pour ne ressentir l'amour qu'après avoir mangé la Mandragore, image d'Adam et Eve qui ignoraient le mal avant

Photo L. Begule.

DÉTAIL DES SCULPTURES DU PORTAIL DROIT

d'avoir touché au fruit défendu. Le *Dragon*, P. G. G. 3. qui représente le démon est représenté à l'infini, mais surtout comme un heureux motif de décoration. Le *Chameau*, P. G. G. 2, qui symbolise la patience et la sobriété. — L'*Autruche*, P. G. G. 2. regardée comme emblème de la gloutonnerie.

Enfin, de nombreux animaux employés comme motifs d'ornementation, sans signification symbolique. — Les sujets tératologiques occupent une place importante dans l'ordonnance des médaillons. Il est impossible d'énumérer toutes les chimères, dragons ailés, centaures bizarres, lions à tête d'homme, etc. qui ont exercé la verve des imagiers.

Fantaisies décoratives. — Cette série comprend des têtes feuillagées, des têtes de lion, de porc, un écureuil, un lièvre poursuivi par un chien, des escargots mangeant un choux, deux lutteurs, un bateleur faisant danser un chien savant, Prométhée enchaîné, et une fantaisie qu'on retrouve à Saint-Maurice de Vienne, à la chapelle de l'hôtel de Cluny, à la chapelle souterraine de Saint-Bonnet-le-Château : c'est un groupe de quatre lièvres disposés en carré ; il y a seulement quatre oreilles sculptées et chaque lièvre paraît en avoir deux.

Certains médaillons, montrant des hommes d'armes combattant, sont particulièrement intéressants pour l'histoire du costume militaire au XIVe siècle. P. D. G. 3 — P. G. G. 8.

Cet ensemble présente un intérêt exceptionnel par le mélange d'éléments sacrés et profanes ou même grotesques que le sculpteur rapproche avec une parfaite indifférence. Ce mélange apparaît déjà dans les bas-reliefs des deux portails de Rouen qui ont servi de prototype, sinon de modèle direct aux portails de la cathédrale de Lyon. On l'a observé avec des détails identiques dans la décoration des manuscrits, vers la fin du XIIIe siècle ; il apparaît en

Angleterre, comme l'ont démontré M. Haseloff et le comte Vitzthum, plus tôt qu'en France. M. Bertaux, qui a étudié tout particulièrement cette question, nous fait observer que les portails de Rouen avec leurs grotesques, ont pu être directement inspirés de l'art des enlumineurs anglais, qui aurait exercé son influence à la fois sur les sculpteurs normands

Photo L. B.

COURONNEMENT DES PILASTRES DU PORTAIL CENTRAL

et les enlumineurs parisiens. Il semble qu'un même atelier ait fait le voyage de Rouen à Lyon ; mais des artistes plus savants et plus délicats que ceux qui avaient travaillé à Rouen se sont joints à ce groupe d'imagiers inconnus ; ces artistes, qui représentaient l'art parisien le plus raffiné, ont sculpté les douze consoles qui supportaient, entre les portails, les grandes statues détruites par les protestants.

LES CONSOLES. — Nous suivrons ces consoles de droite à gauche en les numérotant.

1, 2, 3, 4. — Sur la face et les retours de ces premières consoles, des anges à mi-corps tiennent des couronnes. Les dessous représentent des têtes feuillagées, Noé entouré de pampres, une jeune fille jouant de la viole, encadrée de tiges d'érable.

Photo L. Bégule.

LE PRINTEMPS DE LA VIE
Console de la façade.

5. *Face et retours.* — Le Christ en croix entre la Vierge et saint Jean. Un homme transperce un dragon et un autre écrit sur un phylactère. *Dessous.* — Saint Pierre et saint Paul soutiennent le voile liturgique au-dessus de la tête de Pierre III de Savoie, promu au siège archiépiscopal de Lyon.

6. *Face et retours.* — Religieux confessant un personnage agenouillé. Buste d'évêque et personnage assis sur deux dragons. *Dessous.* — Une jeune

fille tenant sur sa poitrine une couronne de marguerites.

7. *Face et retours.* — Saint Nicolas ressuscitant les trois enfants. Deux lions reposent leur tête sur les genoux d'une femme. Un homme corrige un

Photo L. Bégule.

Lai d'Aristote
Console de la façade.

singe. *Dessous.* — La Licorne. Le symbolisme de cette bête fabuleuse, qui ne redoute nul veneur et ne peut être prise que par une vierge, popularisé par les *Bestiaires* et développé par Honorius d'Autun, fut très répandu dans l'iconographie religieuse. On y vit l'image de Jésus-Christ incarné dans le sein de la Vierge, puis trahi et livré. Mais ici on ne peut chercher dans le petit relief aucun sens religieux. L'imagier a représenté la Licorne agenouillée aux pieds d'une jeune fille couronnée d'un chapeau de fleurs et qui se regarde dans un miroir. Près d'elle, le veneur perce l'animal de son épieu. La scène se passe dans un taillis de chênes.

8. *Face et retours.* — Saint Michel terrasse le démon. La *Grammaire* enseigne un élève ; une jeune fille abrite la Licorne dans les plis de son manteau. *Dessous.* — Dans un buisson de roses fleuries, une jeune fille dépose une couronne sur la tête d'un jeune homme.

9. *Face et retours.* — Vieillard appuyé sur un bâton ; figure nue à cheval sur un lièvre et jouant de la vielle. Un centaure. — *Dessous.* Un jeune homme, le faucon au poing, caresse d'un geste tendre le menton de son amie qui, relevant gracieusement le pan de sa robe, porte un écureuil sur le bras droit. Cette exquise composition est traitée avec tout le charme et la virtuosité des plus belles œuvres des maîtres ivoiriers du XIVe siècle.

10. *Face retours et dessous.* — Têtes feuillagées.

11. *Face et retours.* — Le Christ entre deux personnages sortant des limbes. Le Saint-Esprit figuré par des colombes. *Dessous* — Chimère entourée de feuillages.

12. *Face et retours.* — Un vieillard remet à une jeune femme un phylactère. Une femme tient un agneau ; un homme dompte un lion. *Dessous.* — Le Lai d'Aristote, l'un des plus célèbres parmi les

nombreuses représentations du fabliau si populaire d'Henri d'Andely. L'imagier de Lyon nous montre Aristote avec la robe et le bonnet de docteur, marchant à quatre pattes et portant sur son dos Campaspe, la rusée indienne, assise sur une selle, qui dirige sa plaisante monture avec une bride et un fouet.

Il s'en faut de beaucoup que les 325 bas-reliefs de la façade aient une valeur artistique égale. Bien qu'un érudit ait voulu que Donatello soit venu plus tard leur demander des modèles, ces sculptures sont en partie des œuvres d'imagerie populaire, destinées à parler à la foule un langage clair et expressif. Si l'exécution de quelques sujets est quelque peu lourde ou sommaire, plusieurs « tailleurs d'image » et d'habileté inégale ayant dû être employés simultanément, il faut convenir que la composition est toujours admirablement équilibrée et que l'entente décorative résultant de la parfaite distribution des pleins et des vides n'a jamais été égalée dans les sujets de Rouen. En cela, ceux de Lyon leur sont de beaucoup supérieurs, et un très grand nombre, principalement dans les zones inférieures des trois portails, plus à portée de la vue, tous les couronnements des pilastres et les dessous des douze consoles sont autant de merveilles de ciselure.

Ce qui fait aussi leur originalité et leur intérêt, c'est que nous y voyons apparaître et se développer un art nouveau. La grande tradition du XIIIe siècle s'affirme encore dans la distribution des bas-reliefs étroitement assujettie aux lignes architecturales. Mais la préoccupation d'un enseignement surtout dogmatique qui guidait les imagiers du siècle précédent s'atténue de plus en plus et finit par disparaître et laisser la place à des scènes de fantaisie ou à des sujets purement mondains. Or les mieux traités des bas-reliefs de la façade de Saint-Jean sont précisément ceux qui relèvent d'un art profane et « féminin » d'où l'idée religieuse est entièrement absente, et dont l'étude récente de M. Bertaux a montré l'intérêt[1]. Ils représentent les scènes qu'on voit couramment sur les ivoires du temps, couvercles de coffrets ou boîtiers de miroir. Ce sont de vraies scènes de Décaméron, d'une fantaisie galante et légère, délicieusement puérile : jeunes filles élégamment drapées tressent des couronnes, ou écoutent les doux propos de leurs adorateurs, couples en chasse qui s'égarent et se caressent, le faucon au poing, dans des bosquets fleuris.

Il faut également noter la perfection de l'appareil, la pureté des profils et l'habileté avec laquelle sont raccordées les moulures et les arêtes verticales encadrant les pieds-droits. Les arêtes des assises, toutes taillées isolément avant la pose, bloc par bloc, se raccordent exactement pour former des colonnettes d'une régularité parfaite.

Rappelons que le niveau primitif du parvis était

[1] *La Femme et l'Art du Moyen Age français* (*Revue de Paris*, 15 novembre 1909).

de o^{m},33 au-dessous du niveau actuel. Pendant les travaux exécutés en 1879 on a pu se rendre compte que les sculptures, vues d'un peu plus bas, étaient d'un effet encore plus heureux.

Photo L. B.

LA LICORNE
Console de la façade.

L. B. del.

Frise incrustée au-dessus du triforium de l'abside, XIIe siècle

IV

DÉCORATION INTÉRIEURE DE L'ÉGLISE

Les vitraux. — La région lyonnaise est moins riche que d'autres provinces en vitraux anciens. La cathédrale de Lyon conserve cependant une suite fort complète de très beaux spécimens, du XIIe au XVe siècle, dans l'abside, les chapelles latérales du chœur et les bras de croix.

Vitrail de la fin du XIIe siècle. — Dans la chapelle de la Vierge la fenêtre orientale présente une vie de saint Pierre et de saint Paul disposée en cinq zones de trois sujets, encadrées d'une riche bordure.

Vitraux du XIIIe siècle. — Fenêtre de l'étage inférieur du chœur. Sept grandes baies renfermant chacune sept médaillons légendaires, brochant sur d'étincelantes mosaïques, répandent dans le chœur des flots de lumière colorée, diaprée de tons les plus éclatants et les plus mystérieux, suivant l'heure du jour.

I. — Les saints fondateurs de l'Église des Gaules : saint Pothin, saint Irénée, saint Polycarpe.

II. — Vie de saint Jean l'Évangéliste.

III. — Vie de saint Jean-Baptiste. Vitrail offert par l'archevêque de Lyon, Renaud de Forez, 1193-1226,

L. B. del.

DÉCOLLATION DE SAINT JEAN. VITRAUX DE L'ABSIDE

représenté agenouillé dans le médaillon inférieur et tenant la verrière qu'il offre à sa cathédrale.

IV. — Vitrail central, la *Rédemption*. Les sept médaillons principaux de ce vitrail, justement célèbre et admirablement conservé, résument l'œuvre de la rédemption du monde. Dans la bordure, quatorze petits sujets latéraux, représentant des faits de l'Ancien Testament où des animaux symboliques sont destinés à développer la scène centrale et à en donner la signification mystique :

L. Bégule del.

VERRIÈRE CENTRALE

1° L'*Annonciation*, la Licorne, symbole de l'Incarnation de Notre-Seigneur et Isaïe montrant le texte : *Ecce Virgo* (concipiet); 2° La *Nativité*, le Buisson ardent et la Toison de Gédéon; 3° Le *Crucifiement*, le Sacrifice d'Abraham et le Serpent d'airain; 4° La *Résurrection*, Jonas vomi par la baleine et le Lion du Phisiologus de saint Épiphane et des *Bestiaires*, ressuscitant ses lionceaux; 5° La *Vierge et saint Jean et deux apôtres assistent à l'Ascension*. L'Aigle symbolique montre le soleil à ses aiglons, et la Calandre, — le Charadrius des *Bestiaires* moralisés — tourne la tête vers un mourant pour le guérir en s'envolant ensuite dans les rayons du soleil; 6° *Les autres Apôtres contemplant Jésus montant au ciel* : à droite et à gauche, deux anges tiennent des banderoles ; 7° Dans le nimbe amandaire du sommet, le *Christ triomphant porte sa croix*, adoré par deux anges placés latéralement.

Lors d'une première restauration en 1844, l'ordre des sujets fut malencontreusement interverti et en 1904 le vitrail ayant de nouveau subi une remise en plomb, les médaillons furent replacés dans le même désordre.

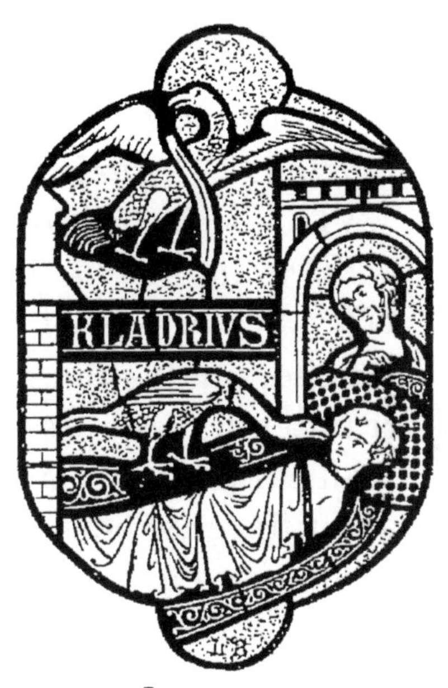

La calandre

Notre gravure et notre description rétablissent, pour la première fois, la verrière telle qu'elle a été conçue, et telle qu'elle devrait être rétablie.

V. — *Vie de saint Étienne*, deuxième patron de la cathédrale.

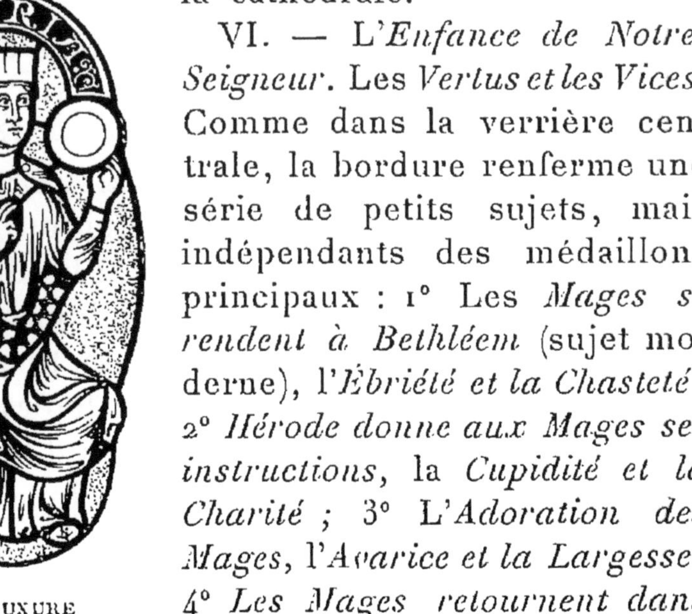

La luxure

VI. — L'*Enfance de Notre-Seigneur*. Les *Vertus et les Vices*. Comme dans la verrière centrale, la bordure renferme une série de petits sujets, mais indépendants des médaillons principaux : 1° Les *Mages se rendent à Bethléem* (sujet moderne), l'*Ébriété et la Chasteté* : 2° *Hérode donne aux Mages ses instructions*, la *Cupidité et la Charité* ; 3° L'*Adoration des Mages*, l'*Avarice et la Largesse*; 4° *Les Mages retournent dans leur pays*, la *Luxure et la Sobriété;* 5° *La Fuite en Égypte*, la *Douleur et la Joie ;* 6° *Massacre des S. S. Innocents*, la *Colère et la Patience;* 7° *La Purification*, l'*Orgueil et l'Humilité.*

VII. — *La Résurrection de Lazare.*

*Vitraux de la partie supérieure de l'abside, XIII*e *siècle.* — A l'entrée du chœur, à droite et à gauche, quatre fenêtres à trois baies renferment de grandes figures des Prophètes, en pied, d'un très beau caractère, malheureusement très restaurées. Ces différents personnages tiennent de longues banderoles avec des textes de leurs prophéties. A la suite, les douze Apôtres, également très restaurés, sauf saint Pierre et saint Paul. Au centre, le Christ et la Vierge couronnés, assis sur deux trônes, ont sous leurs pieds les armes de la ville de Lyon : *de gueules au lion d'argent couronné d'or* et du chapitre de saint Jean : *de gueules au griffon d'or.* Ce vitrail doit être daté de l'extrême fin du XIIIe siècle.

*Rose du transept, XIII*e *siècle.* — *Rose septentrionale.* — Les Bons et les Mauvais anges à genoux, en adoration devant le Christ assis au sommet, ou précipités la tête en bas, occupent les deux rangées concentriques de douze médaillons. Au centre, l'allégorie de l'Église triomphante, tenant le calice et la croix et dans un des lobes latéraux le donateur du vitrail, le chanoine Arnoud de Colonges 1241-1250, en costume canonial, tenant à la main la rose qu'il offre à la cathédrale. Une inscription le désigne clairement : *Li doïens Ernous me fecis* (*sic*) *facere.*

Rose méridionale. — Au centre le Saint-Esprit. Dans la zone médiane, de petites figures d'anges tenant des rouleaux et des cassolettes. La zone extérieure renferme douze médaillons, représentant, à droite le *Péché originel dans le Paradis terrestre*, et à gauche la *Rédemption*, depuis l'Annonciation jusqu'à la Résurrection. Ces deux roses, d'un éclat éblouissant, avec dominante rouge au nord et tonalité plus calme, plus violacée au midi, sont, malgré leurs restaurations, dans un bel état de conservation.

L. B. del.

VITRAUX DU HAUT DU CHŒUR, XIIIe SIÈCLE

Jérémie.

Au-dessus du chœur, une rose, plus petite, contient huit médaillons, dont trois seulement sont anciens. Dans la chapelle de la Croix deux verrières du XIIIe siècle contiennent les figures des huit patriarches de la généalogie d'Adam, exécutées sur un

L. B. del.

VITRAIL DU HAUT DE L'ABSIDE
La Vierge et le Christ.

seul « carton », mais avec des variantes de coloration.

Au-dessus de l'autel, un vitrail moderne, parfaite imitation des vitraux à médaillons légendaires du XIIIe siècle exécuté par H. Gérente en 1846, représente l'*Annonciation*, l'*Adoration des Mages* et la *Vierge au pied de la croix*. Les *Vertus* occupent les médaillons de la rose supérieure.

Rose de la façade. — Les médaillons légendaires de cette grande rose présentent en deux rangées concentriques les vies de saint Jean-Baptiste et de saint Étienne, se détachant sur une riche mosaïque. Ils furent exécutés en 1393 par le peintre-verrier Henriet de Nivelle.

L. B. del.

VITRAIL DE LA CHAPELLE DES BOURBONS

Chapelle du Saint-Sépulcre. — Dans les ajours des deux fenêtres on reconnaît les armes du fondateur de la chapelle, Philippe de Thurey : *de gueules au sautoir d'or*, entourées d'anges musiciens. Ces panneaux peuvent être attribués à Janin Saquerel, vers 1420. La partie inférieure, peinte par Maréchal, représente l'*Invention de la Sainte-Croix* et une *Pieta* entourée par les anges, d'une exécution lourde et opaque.

Chapelle des Bourbons. — Les deux grandes baies qui s'ouvrent au midi ont conservé toute la partie haute de leurs anciens vitraux. Ce sont des anges à longues draperies blanches, d'une merveilleuse exécution et s'enlevant sur des fonds bleu gris. Ils chantent des strophes en l'honneur du Saint-Sacrement, inscrites sur des banderoles qu'ils tiennent à la main. L'un de ces anges, portant les armes du cardinal fondateur, est une figure du plus grand style. Au-dessous, des petits génies ailés soutiennent des guirlandes de feuillages. Ce décor fut exécuté de 1501 à 1503 par Pierre de la Paix.

Dans le bas du vitrail, de grandes figures d'un bon dessin, malheureusement d'une exécution trop chargée, et signées Maréchal 1844, représentent, d'une part *saint Bonaventure*, *saint Louis*, *sainte Isabelle* sœur de Saint-Louis, *saint Thomas de Cantorbery* et de l'autre, l'*Adoration des Mages*.

Les vitraux des fenêtres hautes de la nef ont disparu et furent remplacés au début du XIXe siècle par une mise en plomb géométrale, en verres de couleur. On y a conservé seulement un médaillon aux armes de l'archevêque Philippe de Thurey.

Les chapelles. — I. *Chapelle Saint-Pierre.* — Contemporaine de la construction de l'abside, au côté nord, elle est placée aujourd'hui sous le vocable de la Vierge. Sur l'autel, une statue de Notre-Dame est

PORTE ET BALUSTRADE DE LA CHAPELLE DES BOURBONS

due au ciseau de Maximilien, élève de Canova. Elle conserve les tombes de l'archevêque Jean de Talaru, du gouverneur de Lyon, François de Mandelot, portant la date de 1588, et du cardinal de Bonald, mort en 1870.

II. *Chapelle Saint-Thomas.* — Un retrait ménagé dans le mur oriental du transept nord constitue une chapelle, réduite à un simple autel, sous le vocable de saint Thomas. Fondée au XIIIe siècle, elle fut restaurée en 1443 par le sacristain Henry de Sacconay qui éleva l'autel actuel et le retable de la Renaissance italienne qui le surmonte, divisé en trois niches par des pilastres aux élégantes arabesques.

III. *Chapelle de l'Annonciade.* — La première en descendant le bas côté nord, elle fut fondée en 1496 par le custode Pierre de Semur et décorée avec une grande richesse. L'autel a disparu, mais il subsiste encore un précieux morceau de sculpture, ornant toute la paroi orientale, dans lequel on retrouve les coquilles et les corniches de la Renaissance mariées aux gables et aux pinacles du XVe siècle. Les armes du fondateur Pierre de Semur : « d'argent à trois bandes de gueules » occupent, avec de beaux rinceaux, l'étage supérieur. Au-dessus de ce retable, des anges, musiciens et adorateurs, encadrent le Père Eternel supporté par des séraphins. Ces sculptures ornées de peintures sont, pour la région lyonnaise, un très rare spécimen de statuaire polychrome dont le décor a été peut-être trop retouché lors d'une restauration récente.

IV. *Chapelle Saint-Michel.* — Edifiée en 1448 par le custode Jean de Grôlée, elle a perdu toute sa décoration primitive. L'autel est surmonté d'un retable de style grec, œuvre de Chenavard ; le lourd vitrail moderne représente saint Jubin recevant la confirmation de la bulle de suprématie de l'Église de Lyon, accordée par Grégoire VII en 1079.

A la suite de cette chapelle s'ouvre le passage qui reliait Saint-Jean à Saint-Étienne. Les deux piliers de la porte et leurs chapiteaux en marbre cipolin sont contemporains de l'abside ; les murs du passage, bordés d'arcatures avec chapiteaux à feuillages, sont du XIIIe siècle.

V. *Chapelle des Saints-Denis et Austregesille* —

Fondée au XVe siècle par le doyen Claude de Gaste, elle contient la pierre tombale du chanoine comte Crémeaux de Pollionay, mort en 1689.

VI. *Chapelle Notre-Dame et Saint-Jean-Baptiste.* — Elle fut construite *de fond en syme* vers 1617 par le doyen Jean Meslet de la Besnerie.

VII. *Chapelle des Fonts.* — La décoration de cette chapelle, élevée seulement en 1622 par l'archidiacre Antoine de Gilbertes, est entièrement moderne. La peinture du retable, le *Baptême du Christ*, est due au peintre lyonnais T. Tollet et le vitrail à l'auteur de cette notice. Il représente la *Faute originelle*, l'*Annonce de la Rédemption*, le *Baptême de Clovis* et le *Baptême d'un prince tartare* lors du concile tenu dans la cathédrale de Lyon en 1274.

Au midi, en partant du chœur :

VIII. *Notre-Dame du Haut-Don.* — Elle est placée sous le vocable de la Croix, depuis la démolition de l'église Sainte-Croix, sous la Révolution. Comme celle du côté nord, cette chapelle est contemporaine du chœur.

IX. *La Madeleine.* — Dans le mur oriental du transept s'ouvre la porte de la sacristie du Chapitre, fermée par une très belle grille de fer forgé du XVIIIe siècle. Immédiatement après le transept une porte et un petit porche, de l'extrême fin du XIIe siècle, s'ouvrent sur la cour de l'archevêché. A la suite, la chapelle Saint-Raphaël, élevée en 1494, communiquait, au XVIIIe siècle, avec la maison des Comtes de Lyon, par des ouvertures donnant dans le grand escalier.

XI. *Chapelle du Saint-Sépulcre.* — Elle fut fondée en 1401 par l'archevêque Philippe de Thurey et construite par Jacques de Beaujeu, le maître de l'œuvre qui acheva les dernières travées de la nef. Elle comprend deux travées séparées par un arc doubleau et voûtées sur arcs d'ogive. Une grande baie élégamment ajourée l'éclairait au levant avant la construction de la chapelle Saint-Raphaël et, à côté de l'autel, une fort belle piscine couronnée d'un gable finement sculpté est engagée dans le mur. Au midi, une porte donnait accès dans l'ancien cloître et tout auprès, une belle arcade géminée avec retombée centrale passe pour être le tombeau de Philippe de Thurey. Ne serait-ce pas plutôt l'encadrement d'un ancien Saint-Sépulcre ? Dans le dallage on voit encore trois pierres tombales très bien conservées, dont les effigies représentent des membres du chapitre en costume de chœur, chape ou chasuble, mitre et gants. Ce sont : le précenteur Guillaume de la Poype, 1287 le bâton cantoral à la main ; les trois d'Amanzé, 1461, 1465, 1479 et une seule pierre pour les de l'Aubépin, de Grôlée et de Varax, également du XVe siècle.

XII. *Chapelle des Bourbons.* — Cette chapelle, justement célèbre, fut fondée en 1486 par le cardinal Charles de Bourbon, archevêque de Lyon et achevée par son frère Pierre, duc de Bourbon et comte de Forez, dans les premières années du XVIe siècle. Comme la précédente, elle comprend deux travées et s'ouvre sur le collatéral sud par deux hautes arcades, décorées, comme la voûte, de nervures et de pendentifs. A trois mètres au-dessus du sol

Photo L. Bégule.

CHAPELLE DES BOURBONS

règne une galerie ménagée dans l'épaisseur de la

muraille. La décoration sculptée, dentelle de pierre ajourée et fouillée avec une prodigieuse délicatesse, est une des merveilles de l'art décoratif au XVe siècle. Elle rivalise avec celle de Brou pour la finesse, mais la laisse bien loin derrière elle pour la pureté de style. Aux gorges des piliers, aux formerets, à l'arc doubleau, profondément refouillés, se détachent sur le vide le monogramme du cardinal ainsi que son emblème, le dextrochère avec manipule, tenant un glaive flamboyant. Ailleurs, les chiffres de Charles, Pierre et Suzanne de Bourbon, d'Anne de France et la devise célèbre « *N'espoir ne peur* » mélangés à des grappes et des feuilles de vigne. Vis-à-vis l'autel, la balustrade de la galerie est ajourée comme une dentelle avec le nom du fondateur, Charles, inscrit en toutes lettres. Au côté méridional, le cerf ailé des Bourbons, enlacé du ceinturon et portant le mot : « Espérance » en lettres gothiques, occupe les ajours. A la corniche, au-dessous, rampent des vignes sauvages et des chardons (emblème de l'ordre de Notre-Dame de Bourbon).

Le cardinal avait voulu être enseveli dans sa chapelle ; son tombeau, splendide mausolée de marbre blanc sur lequel il était représenté agenouillé et les mains jointes, a été détruit par les protestants, en même temps que de nombreuses statues qui garnissaient toutes les niches.

La chapelle est éclairée par une rose flamboyante et deux grandes baies dont les parties supérieures ont conservé leurs anciens vitraux.

Le chœur d'hiver du chapitre. — Après la chapelle des Bourbons, une porte, surmontée d'un arc en plein cintre, fait communiquer les bas côtés avec le cloître du XVe siècle en contre-bas de huit marches, et dont il reste encore cinq travées. Cette galerie sert de chœur d'hiver au chapitre. Au tympan intérieur de cette porte, abritée sous un petit porche et qui, primitivement, s'ouvrait sur le préau du cloître, un élégant bas-relief du XIVe siècle, polychromé et doré, mais en partie mutilé, représente la Vierge-Mère entre deux anges céroféraires.

L'horloge astronomique. — A l'entrée du bras de croix septentrional, on rencontre la célèbre horloge, si populaire à Lyon et universellement connue pour son mécanisme et ses figures automatiques. Dès le XIVe siècle, Saint-Jean possédait deux horloges, l'une à l'extérieur, l'autre à l'intérieur, la « petite horloge » qui fut saccagée par les protestants, puis restaurée en 1598 par un horloger lyonnais, Hugues Levet, et un bâlois, Nicolas Lippius. Au milieu du XVIIe, l'instrument fut encore remanié par Guillaume Nourrisson et, à la fin du XVIIIe siècle, l'horloger Charmy la mit dans l'état où nous la voyons aujourd'hui. Le soubassement de cet instrument compliqué montre, sur des cadrans, un calendrier perpétuel, indiquant les années, les mois, les jours, les fêtes ecclésiastiques, l'office du jour, etc. Le disque intérieur, recouvert d'une rosace ajourée, contient l'*almanach ecclésiastique*, embrassant une période de 66 ans. Au-dessus, un astrolabe très compliqué présente le phases de la lune, la position du soleil à chaqu époque de l'année, etc. Un cadran indique les heu res. Un autre cadran ovale, sur la face droite, indi que les minutes à l'aide d'une aiguille articulée qu suit exactement le bord extérieur du cadran, san jamais le dépasser. Lorsque l'heure approche, le co qui est au sommet de la tour chante trois fois e bat des ailes; aussitôt des anges jouent sur de clochettes l'hymne de la fête de saint Jean : « *u queant laxis* » ; d'autres battent la mesure et ren versent le sablier. L'ange Gabriel apparaît, ouvr la porte de la chambre de la Vierge et la salue. Mari se tourne vers lui, le Saint-Esprit descend sur ell sous la forme d'une colombe, et, au-dessus, Die le Père bénit par trois fois. Après quoi l'ange s'e va, le lambris se referme ; un suisse majestueu fait le tour de la galerie supérieure et, le carillo terminé, l'heure sonne.

La cathédrale en 1500. — C'est au commence ment de la Renaissance qu'il faut se transporte par l'imagination pour se représenter la cathédral longuement et patiemment élaborée pendant troi siècles et qui apparaît enfin dans toute sa radieus jeunesse, telle que l'avaient obscurément pressen tie les générations successives qui y travaillèrent Cette période d'épanouissement correspond à l première moitié du XVIe siècle. Essayons de revoi le noble édifice tel qu'il était avant la grande dévas tation de 1562, dans une atmosphère lyonnais

Photo L. Begule.

L'horloge

toute pénétrée d'italianisme. C'était alors le temps des « pétrarquisants » lyonnais, subtils et mystiques; de Maurice Scève et de Louise Labbé, de l'Académie de l'Angélique; il y eut comme un épanouissement lyonnais éphémère qui marqua la période de splendeur de Saint-Jean.

Dans cette abside surbaissée, somptueusement décorée d'incrustations et dans cet admirable vaisseau, rayonnant de l'éclat de leurs verrières toutes achevées, se déroulait le cérémonial de l'antique liturgie, observée de temps immémorial par un chapitre dont les membres, qui portaient le titre de « Comtes de Lyon » et qui avaient compté parmi eux quatre rois de France, jouissaient des plus hautes prérogatives. Ils avaient eu notamment, pendant de longues années, le droit d'élire l'archevêque et, aussi, de porter la mître pendant les offices qui étaient chantés avec une austère gravité, de mémoire et sans aucun accompagnement, par un clergé qui, sous Louis XIV, comptait deux cents membres. Le maître-autel, plus enfoncé dans l'abside qu'aujourd'hui, n'était qu'une table rase, ornée de parements d'étoffes plus ou moins riches selon l'importance des fêtes; tout autour une balustrade de cuivre. De part et d'autre de l'autel, deux croix processionnelles avaient été fixées là, au XIIIe siècle, en souvenir du concile général de 1274 où avait été prononcée la réunion des Églises latine et grecque. L'autel n'avait pas de chandeliers : il était éclairé par trente-trois flambeaux posés sur des candélabres de place en place dans le chœur.

Devant l'autel, particularité spéciale à l'église de Lyon, était le « ratelier » *rastellarium*, sorte de traverse en métal posée sur deux colonnes et supportant sept cierges qui rappelaient les sept chandeliers de la vision de saint Jean l'Évangéliste : seul l'archevêque, officiant dans les grandes solennités, pouvait passer sous ce candélabre.

Dans le chœur, à gauche, près de l'autel, se trouvait le célèbre tombeau du cardinal de Saluces, mort en 1419. Ce mausolée, œuvre de Jacques Morel et dont la description nous est révélée par le prix fait daté du 20 septembre 1420, était une des merveilles de la sculpture française du XVe siècle. Tout en marbre, il était orné sur ses faces de dix-huit statues d'albâtre : six apôtres de chaque côté, au chevet un Dieu de Majesté ayant à ses côtés la Vierge présentant à son Fils le cardinal agenouillé : au pied, sainte Catherine entre saint Jean-Baptiste et saint Étienne A la tête du mausolée le cardinal était représenté à genoux sur un coussin, les mains jointes et appuyées sur un cartouche avec la devise : *in sola Dei misericordia spero salvari*.

Le chœur, qui renfermait encore d'autres sculptures, était clos par un jubé d'une rare magnificence entre la sixième et la septième travée. Ce jubé passait pour l'un des plus riches de France et était décoré sur le pourtour, à l'intérieur comme à l'extérieur, de précieuses sculptures représentant des sujets de l'Ancien Testament. Pour sa construction, des marbres précieux, des colonnes de jaspe et de porphyre avait été employés à profusion et un grand crucifix recouvert de lames d'argent surmontait la grande porte de sa façade, en travers de la nef. Les chapelles et les autels secondaires, adossés au jubé et à la plupart des piliers, avaient chacun leur vie propre, leurs desservants, leurs dotations et leurs cérémonies particulières. Les chapelles latérales ouvertes successivement dans les collatéraux, entre les contreforts, étaient enrichies de retables, de clôtures et de mausolées, vrais bijoux de pierre et de marbre, ciselés avec des délicatesses d'orfèvre.

Ajoutons l'effet produit à l'intérieur de la cathédrale par les verrières, alors au grand complet dans les fenêtres hautes et dans les chapelles, d'où la lumière descendait, polychromée et adoucie, sur la paix des tombeaux et l'on comprendra quelle pouvait être, aux jours des grandes fêtes, l'impression religieuse d'un pareil vaisseau, encore solennisé par le souvenir des scènes historiques qui s'y étaient déroulées. A l'extérieur, les trente-deux grandes statues en pied des ébrasements des trois portails et du bas de la façade, les innombrables figures d'anges, de prophètes et de saints, alors intactes, qui peuplaient les voussures, toute la faune des innombrables gargouilles animant cette façade couronnée par le Dieu de majesté étincelant de dorures au sommet du pignon.

Les tableaux. — La cathédrale possédait un certain nombre de toiles léguées par le cardinal Fesch et dont quelques-unes n'étaient pas sans valeur. Depuis la loi de séparation d'autres tableaux, provenant de l'Archevêché et du grand Séminaire sont venus en trop grand nombre chercher un refuge sous les voûtes de l'église, dont les lignes sévères n'avaient nul besoin de ce décor encombrant et hétéroclite. Parmi les principaux, on peut citer :

Transept méridional : *Mariage mystique de sainte Catherine*, œuvre très remarquable de l'école de Rubens. — *Descente du Saint-Esprit sur les apôtres*, œuvre du milieu du XVIIIe siècle, signée, Jean Restout. — Chapelle Saint-Raphaël : *Flagellation de saint André*. — Chapelle du Saint-Sépulcre : *saint Vincent de Paul prêchant devant les dames de la cour de Louis XIII*, par Meynier, XIXe siècle. — Au-dessus de la porte du chœur d'hiver : *Présentation au temple*, école du XVIIIe siècle. — Revers de la façade, au-dessus du portail méridional : l'*Adoration des Mages*, très beau tableau de l'époque Louis XVIII. — Chapelle des fonts : *Mort de Louis XIII*. — Chapelle Saint-Jean Baptiste : *Circoncision*, signée, Claude Vignon. — Au-dessus de l'autel : *La femme adultère*, belle œuvre de l'école du Poussin. — Chapelle Saint-Austrégésille: *Présentation*, œuvre intéressante du XVIIIe siècle. — Chapelle Saint-Michel : *Baptême du Christ*, par Picot. — Transept septentrional, en face de l'horloge astronomique : *saint Jean à Pathmos*, toile de Lagrenée, 1758.

Photo L. B.

Coffret byzantin : ivoire

V

LE MUSÉE SAINT-JEAN

Le trésor actuel de la cathédrale n'a plus aucu
caractère historique. Il se compose exclusivemen
de pièces d'orfèvrerie, d'ivoires, d'ornements bro
dés et de manuscrits de haute valeur appartenan
au moyen âge. Ils furent donnés à la cathédral
par le cardinal Fesch et surtout par le cardinal d
Bonald. Nous nous bornerons à l'énumération de
principales pièces.

Coffret en ivoire : travail byzantin du IXe siècle

Il est orné de médaillons et de petits panneaux avec des scènes du cirque. — Plaque de reliure : le Christ en croix entre saint Jean et la Vierge, cuivre doré et émaillé : émail de Limoges, XIIIe siècle. — Gémillon : cuivre doré, émaillé, Limoges, XIIIe siècle. — Plusieurs croix de procession du XIIe et du XIIIe siècle, cuivre doré, enrichies de superbes émaux : une autre de la Renaissance italienne, en argent, est une merveille de ciselure. — Plusieurs crosses décorées d'émaux, XIIIe siècle. — Pyxides limousines, navettes à encens, châsses, mors de chape, calices, baisers de paix, ostensoirs du XIIIe au XVIe siècle. — Autel portatif, quartz, améthyste et argent du XVe siècle. — L'une des plus belles pièces du musée est un parement d'aube brodé du XIIIe siècle représentant la Vierge assise avec saint Pierre et une impératrice. Citons encore deux très belles mitres d'évêque en broderie, l'une du XIIIe et l'autre du XVe siècle, de nombreuses chasubles brodées, etc. Enfin le grand ostensoir de vermeil offert par l'impératrice Joséphine, lors de son passage, en 1805.

Manuscrits. — Missel de Thomas James, évêque de Dol, exécuté en 1483 par Attavante de Florence. Malgré quelques mutilations, les innombrables et merveilleuses miniatures de ce manuscrit en font l'un des joyaux du petit Musée. — Missel du pape Boniface VIII, 1294-1303 : travail italien. — Missel de la chapelle de la Madeleine, à la cathédrale de Lyon ; manuscrit français sur vélin et miniature, fin du XIVe siècle. — Vie de Jésus-Christ, manuscrit sur vélin et miniature, commencement du XVIe siècle. Citons encore deux pontificaux, un antiphonaire du XVe siècle, un office français du XVIe siècle et de nombreux psautiers et livres d'heures manuscrits.

Parmi les imprimés on compte des éditions rares, principalement des typographes lyonnais

Photo Birot.

COUVERTURE D'ÉVANGELIAIRE, XIIIe SIÈCLE

Photo L. B.

LA MANÉCANTERIE

VI

LA MANÉCANTERIE

Au sud-ouest de la cathédrale, sur le prolongement de la façade, s'élève un bâtiment sombre et sévère, connu de tout temps sous le nom de petite Manécanterie (*Mane cantare*, chanter matin), parce qu'il renfermait au cours du moyen âge l'école de chant des clergeons de l'église Saint-Jean. On l'a fait remonter à une époque très reculée, jusqu'à Charlemagne. Ce n'est en réalité que le mur extérieur de la galerie occidentale du cloître édifié dans les dernières années du XIe siècle, en même temps que l'église d'Ainay, dont il reproduit certains caractères et particulièrement les incrustations de briques rouges dans l'archivolte au-dessus de la porte, dans la croix qui la surmonte e dans la frise au-dessus de la corniche. Ce cloître fut reconstruit entre 1458 et 1460. Le décor consiste en une série d'arcatures aveugles, divisées par des contreforts, portées sur des colonnettes qui reposent sur de hauts pilastres. Ces arcatures abriten des statues très mutilées, dans lesquelles on peu reconnaître une Vierge tenant l'Enfant, saint Miche et une allégorie de l'Astronomie.

Il est à désirer que ce précieux petit édifice, l'un des restes les plus remarquables de l'architecture civile à l'époque romane, soit enfin restauré et utilisé : c'est là qu'est la vraie place du trésor de la cathédrale, qui devra former dans une ville déjà s riche en Musées, le Musée Saint-Jean.

CHAPITEAU INCRUSTÉ. XIIe SIÈCLE

Frise incrustée de Saint-Maurice de Vienne, imitée de celles de la cathédrale de Lyon

BIBLIOGRAPHIE SOMMAIRE

Bard (Joseph). — *Statistique générale des basiliques et du culte de la ville de Lyon*. Lyon, 1842.

Bégule (Lucien). — *Monographie de la cathédrale de Lyon*, précédée d'une introduction historique par Guigue (M.-C.). Lyon, 1880, in-fol.

Bégule (Lucien). — *Les incrustations décoratives des cathédrales de Lyon et de Vienne*.

Bégule (Lucien). — *Les vitraux du Moyen Age et de la Renaissance dans la région lyonnaise*. Lyon, 1911.

E. Bertaux et Birot. — *Le missel de Thomas James, évêque de Dôle*. Étude sur un manuscrit du trésor de la cathédrale dans la Revue de l'Art ancien et moderne, 1906.

Bleton (Auguste). — *Lyon pittoresque* Lyon, 1896.

Charvet (L.). — *Étude et compte rendu critique sur la Monographie de la cathédrale de Lyon*. Lyon, Waltener, 1882.

Guigue (M.-C.). — *Obituaire de l'église primatiale de Lyon*, Lyon, 1902.

GUIGUE (G.). — *Les cloches de Saint-Jean de Lyon* (Lyon-revue, 1885, VII, 50).

JACQUES (abbé). — *L'église primatiale de Saint-Jean et son chapitre.* Lyon, 1837.

JACQUES (abbé). — *Le révélateur des mystères ou l'antique cérémonial de Saint-Jean.* Lyon, Boitel, 1840.

LEYMARIE (H.). — *L'église primatiale de Saint-Jean*, extrait de Lyon ancien et moderne. Lyon, Boitel, 1843.

MALE (E.). — *Étude* sur le vitrail de la Rédemption de la cathédrale de Lyon dans l'*Art religieux* du XIIIe siècle en France. T. I, p. 55.

MÉRIMÉE. — *Note d'un voyage dans le midi de la France.* Paris, 1835.

MEYNIS (D.). — *Les anciennes églises paroissiales de Lyon.* Lyon, 1872.

MOREL DE VOLEINE. — *Restaurations de l'église primatiale de Lyon* (France littéraire, 1851-62, p. 51).

NATALIS-RONDOT. — *Les peintres sur verre à Lyon du* XIVe *au* XVIe *siècle* (vitraux de la cathédrale). Paris, Rapilly, 1897.

NIEPCE. — *Les stalles et les boiseries de la cathédrale de Lyon.* Rev. du Lyonnais, 1881.

QUINCARNON. — *Les antiquités de la fondation de la métropole des Gaules ou de l'église de Lyon et de ses chapelles*, Lyon, 1673.

SAVY (C.). — *Étude sur les pignons gothiques des églises à toiture basse*, à propos des travaux entrepris à la cathédrale de Lyon en 1861. Lyon, 1869.

SAVY (C.). — *La cathédrale de Lyon.* Rev. du Lyonnais, 1857.

STEYERT (A.). — Nouvelle histoire de Lyon, t. II, p. 293.

VACHEZ (A.). — *Isabeau d'Harcourt et l'église Saint-Jean.* Lyon, 1868.

VINGTRINIER (Em.). — Le Lyon de nos pères. Lyon, 1901.

L. B. del.

Détail des vitraux de la chapelle des Bourbons

TABLE DES GRAVURES

Frise incrustée de Saint-Maurice de Vienne, XIIIe siècle

TABLE DES MATIERES

Marche supérieure du trône des archevêques de Lyon, incrustations de ciment

ÉVREUX, IMPRIMERIE CH. HÉRISSEY, PAUL HÉRISSEY, SUCC^r

Paris
H. Laurens
Editeur
6, Rue de Tournon

www.ingramcontent.com/pod-product-compliance
Ingram Content Group UK Ltd.
Pitfield, Milton Keynes, MK11 3LW, UK
UKHW021105200726
13857UKWH00003B/1101

9 782012 847781